Paul Ferrini

Rückkehr nach Eden

Paul Ferrini

Rückkehr nach Eden

AURUM VERLAG

Das amerikanische Original erschien unter dem Titel „Return to the Garden" bei Heartways Press, South Deerfield, MA.

Ins Deutsche übersetzt von Christine Bendner

Umschlaggestaltung: Thomas Schröder

Die Deutsche Bibliothek – CIP-Einheitsaufnahme

Ferrini, Paul:
Rückkehr nach Eden / Paul Ferrini. [Ins Dt. übers. von Christine Bendner]. – Braunschweig : Aurum-Verl., 2000
Einheitssacht.: Return to the Garden <dt.>
ISBN 3-591-08461-1

2000
ISBN 3-591-08461-1
© 1998 Paul Ferrini
© der deutschen Ausgabe Aurum Verlag GmbH, Braunschweig
Gesamtherstellung: Westermann Druck Zwickau GmbH

Inhalt

Teil 1 – Die Begegnung

Die Stimme	11
Suchen und Finden	17
Der Meister	25
Das Göttliche im Menschen	29
Rückkehr nach Eden	35
Gottes Sprachrohr	38
Die Erneuerung des Bundes	43
Wo ist das Paradies?	46
Sünde und Erlösung	52

Teil 2 – Die Lehre

Du und Gott	61
Gott suchen	62
Öffne dein Herz und deinen Geist	63
Der Freund	65
Am Anfang	66
Die Flamme nähren	68

Der brennende Busch und der unerschöpfliche
Brunnen 71

Ich bin der Weg 73

Liebe deinen Nächsten wie dich selbst 74

Liebe sogar deine Feinde 75

Halte auch die andere Wange hin 76

Unschuld und Schuld 79

Wiedergeboren in die Göttliche Gnade 81

Kreuzigung und Auferstehung 85

Segen oder Fluch 87

Halte an der Liebe fest 91

Schau deinen Ängsten ins Gesicht 95

Der Tanz des Annehmens 99

Regeln oder innere Führung 103

Die offene Tür 107

Der Drahtseilakt 112

Zukunftsdeutung 116

Die alten Geschichten loslassen 119

Freiheit und Verpflichtung 124

Eine Schöpfungsformel 126

Den Himmel auf die Erde bringen 130

Dem inneren Christus vertrauen 133

Teil 3 – Die Praxis

Öffne dich für Jesus 137

Bekenne dich zu deinem Lehrer 138

Gehe in die Stille 140

Ein Mantra, das wirkt 142

Den Schatten integrieren 144

Beziehungen als spiritueller Weg 146

Grenzen überwinden 149

Selbstlos handeln 152

Mentor für andere werden 155

Versuche nicht, andere „in Ordnung zu bringen" .. 157

Zuhören ohne Kommentar 161

Der Affinity Prozess 165

Der Gemeinde dienen 168

Adam und Eva und die Rückkehr ins Paradies 170

TEIL 1

Die Begegnung

Die Stimme

Ich wuchs in einer atheistischen Familie auf und konnte bis zu meinem dreiundzwanzigsten Lebensjahr mit Religion oder Spiritualität wenig anfangen. Damals lebte ich in East Cambridge, Massachusetts. Ich hatte gerade mein Examen gemacht und versuchte vergeblich, eine Anstellung als Lehrer zu finden. Aber ich musste natürlich irgendwie meinen Lebensunterhalt verdienen, also nahm ich einen Job als LKW-Fahrer an.

Ich stand jeden Tag um vier Uhr morgens auf, fuhr mit dem Fahrrad durch die kalten, windigen Straßen von Cambridge zur Arbeit, belud meinen LKW und begann, die Waren im Stadtzentrum von Boston auszuliefern. Wenn ich über die Brücke fuhr und am Museum der Wissenschaften vorbeikam, versuchten meist gerade die ersten schwachen Sonnenstrahlen die Wolkendecke zu durchbrechen. Mir lief stets ein Schauer über den Rücken.

Das Licht musste sich sehr anstrengen, um die Dunkelheit dieser Welt zu durchdringen. Wohin ich auch blickte, überall sah ich Leid und Ausbeutung. Und wenn ich nach innen schaute, fühlte ich nichts als Trauer und Schmerz. Ich sah keinen Sinn darin, auf dieser Erde zu sein.

In dieser Zeit war ich sehr einsam, denn Anfang des Jahres hatte ich eine langjährige Beziehung beendet. Ich trauerte dieser Verbindung nach und war unfähig, mich für andere Menschen zu öffnen.

Ich war nicht in der Lage, in dem von mir gewählten Beruf eine Stelle zu finden, und ich war gerade aus dem schönen, stillen Vermont zurück in die Stadt gezogen. Es fiel mir schwer, mich an die heulenden Polizei- und Feuerwehrsirenen zu gewöhnen, die allnächtlich die Ruhe störten. Ich konnte auch nicht verstehen, warum morgens um drei Uhr Jugendliche in Horden durch die Straßen zogen, um den Inhalt der Mülltonnen auf die Cambridge Road zu leeren.

Jeder Mensch in dieser Stadt schien wütend oder traurig zu sein. Und mir ging es auch nicht viel anders, wenn man einmal davon absieht, dass ich für die Gedichte lebte, die ich schrieb, wenn ich abends von der Arbeit nach Hause kam. Diese Gedichte waren das einzige, das meinem Leben einen gewissen Sinn verlieh. Damals dachte ich, es gäbe für mich keinen Grund weiterzuleben, wenn ich meine Gedichtsammlung zu Ende geschrieben hätte.

Ich war depressiv, dachte an Selbstmord. Jedes Mal, wenn ich über die Brücke nach Boston fuhr, kündigte die Morgendämmerung nichts als Qual an. Für meine Gedichtsammlung wählte ich den passenden Titel „Die Dornen der Morgendämmerung". Damals wusste ich nicht, dass ich meine eigene Kreuzigung durchlebte. Ich wusste nicht, dass das Leben mich an die Schwelle des Todes führen würde, damit ich innerlich wiedergeboren werden konnte. Ich wusste nicht, dass ich die absolute Sinnlosigkeit des Lebens erfahren musste, um schließlich seinen eigentlichen Sinn zu entdecken.

Als ich die Gedichtsammlung beendet hatte, sprach ich zum zweiten Mal in meinem Leben mit Gott. Ich sprach mit ihm, obwohl ich seine Existenz anzweifelte. Obwohl er sich, als ich dreizehn war und meine Cousine Deidre an Leukämie starb, geweigert hatte, mir zu antworten. Seit diesem Tag, an dem ich meine kindliche Unschuld verloren hatte, konnte ich die Vorstellung von der Existenz eines gütigen Gottes nicht mit dem scheinbar sinnlosen Leiden um mich herum in Einklang bringen.

An meinem Küchentisch sitzend sagte ich: „Nenne mir nur einen einzigen Grund, weshalb ich in dieser sinnlosen Welt weiterleben sollte." Ich erwartete keine Antwort. „Geh ins Wohnzimmer, schließe deine Augen und nimm das erste Buch, auf das du stößt, aus dem Regal", antwortete eine klare, feste Stimme in meinem Innern.

„Was habe ich schon zu verlieren", dachte ich, stand auf und ging ins Wohnzimmer hinüber. Ich schloss die Augen, streckte meine Hände aus und tastete mich ans Bücherregal heran. Dann zog ich ein einzelnes Buch heraus und öffnete die Augen. Es war *Ich und Du* von Martin Buber.

Ich schlug den Band auf, begann zu lesen und begriff nach den ersten ein oder zwei Abschnitten, dass ich eine Antwort erhalten hatte. Ich versank buchstäblich in diesem Buch, hörte jedes Wort als würde jemand persönlich zu mir sprechen und trank die Wahrheit mit einem ungeheuren Durst, von dessen Existenz ich überhaupt nichts geahnt hatte. Ich hatte mir eine Antwort gewünscht und ich hatte eine bekommen. Das Leben war nicht bloß diese leidvolle Oberfläche, die ich gesehen hatte. Es war viel mehr.

„Es gibt zwei Welten", erklärte Buber, „die Welt des ‚ich-es' und die Welt des ‚ich-du'." Erstere kannte ich nur zu gut. Es war die Welt der Ausbeutung, des Kampfes, der Gier, des Egoismus – Schicht um Schicht des Leids. Dieser Welt wollte ich entfliehen.

Aber laut Buber gab es noch eine andere Welt. Die Welt der Einheit, der Verbindungen, des Vertrauens und der Gnade. Das war die Welt bedingungsloser Annahme und Liebe. Obwohl ich nur hier und da einen Schimmer von dieser Welt erhascht hatte, wusste ich, dass es sie wirklich gab.

Ich musste zugeben, dass die Welt nicht nur aus Schmerz und Leid bestand. Vielleicht aus 99 Prozent Leid und einem Prozent Gnade. War ich bereit, für diese einprozentige Chance auf bedingungslose Liebe weiterzuleben? Ich war mir nicht sicher.

Aber dann sagte die Stimme aus dem Buch zu meinem sich öffnenden Herzen: „Du bestimmst, welche Welt du sehen willst!"

Dieser eine Satz genügte, um meine Haltung des Selbstmitleids und des Weltschmerzes zu entlarven. Jetzt hatte der Kaiser keine Kleider mehr. Leiden war kein Gebot, sondern meine Wahl. Es lag an mir, welche Welt ich sehen wollte.

Sollte das heißen, dass ich wählen konnte, immerzu Schönheit und Gnade zu sehen? Sollte das heißen, dass die Qualität meiner Erfahrungen nicht von den äußeren Umständen abhing, sondern von der inneren Einstellung, mit der ich ihnen begegnete? Sollte das heißen, dass niemand außer mir selbst für dieses „ich" im „ich-du" verantwortlich war – nicht einmal Gott? Mir wurde schwindlig von diesen Worten, die wie Schwingungswellen in mir nachhallten. Ich wusste, dass sie wahr waren, aber wenn ich sie wirklich in mich aufnahm, würden sie mein Leben radikal verändern. Ich könnte dann nie mehr die Rolle des Opfers oder des unbeteiligten Zuschauers spielen.

Wenn die Beschaffenheit der Welt, in der ich lebte, davon abhing, wie ich diese Welt sah und auf welche Weise ich mit ihr in Beziehung trat, dann hatte ich bis an mein Lebensende genügend Hausaufgaben zu tun. Ich musste aufhören, mich auf äußere Umstände oder das Verhalten anderer zu konzentrieren und stattdessen anfangen, nach innen zu schauen; ich musste mir meine eigenen Gedanken und Bewusstseinsinhalte anschauen.

Ich war dafür verantwortlich, ob mein „ich" das „ich" des verbindenden „ich-du" war oder das „ich" des beziehungslosen, manipulierenden „ich-es". In jedem Augenblick traf ich eine Wahl – wählte Freude oder Schmerz, Liebe oder Angst. Wie mein Gespräch mit Gott verlief, hing davon ab, mit welchem „ich" ich mich Ihm/Ihr näherte. Tat ich es auf der „ich-es"-Ebene, konnte Er/Sie mich nicht hören und mir nicht antworten, denn Er/Sie lebte nicht auf dieser Ebene.

Das erklärte die eisige Stille, die mir entgegengeschlagen war, als ich im Alter von dreizehn Jahren Gott gebeten hatte, Deidre am Leben zu lassen und mich statt ihrer zu holen. Damals hatte ich mich Gott nicht wie ein Liebender der/dem Geliebten genähert, sondern wie ein Opfer, das den Henker um einen kurzen Aufschub bittet. Ich bat nicht einen liebenden Gott um Verstehen, einen Gott, der für mich und Deidre gleichermaßen sorgte. Vielmehr näherte ich mich einem Gott der Angst, der willkürlich gibt und nimmt. Ich näherte mich dem unbarmherzigen Schnitter mit einem schrecklichen Vorschlag, der nur einem solchen Wesen angemessen war: „Nimm mich, du grausamer, blutrünstiger Menschenfresser und gib Deidre zurück."

Dieses „ich" hatte im Alter von dreizehn Jahren keine Beziehung zu Gott, es war ein beziehungsloses „ich".

Aber mit dreiundzwanzig wandte sich die klare, machtvolle innere Stimme an das „ich", das mit dem „du" in Beziehung tritt. Der Geliebte rief. Wie konnte ich mich da verweigern?

Wenn wir uns wertlos fühlen, fällt es uns schwer zu glauben, dass wir von Gott auserwählt sind, um Liebe in diese Welt zu tragen. Doch jeder verzweifelte Mensch, der auf die Knie fällt und um Hilfe bittet, ist ein Auserwählter.

Indem wir die Welt des Leidens zurückweisen, bitten wir darum, einen anderen, besseren Weg gezeigt zu bekommen. Und wenn wir bitten, wird der Weg uns nicht nur gezeigt, wir werden auch aufgefordert, ihn zu gehen, werden gebeten, das Licht, das wir in der Dunkelheit unseres Herzens finden, an andere weiterzugeben, die so dringend danach verlangen. Unser Gott wirkt auf seltsame und wunderbare Weise, hebt uns immer empor und gibt das Geschenk durch unsere Hände.

Wir sind diejenigen, die lernen müssen, den ausgehungerten Kindern im eigenen Innern Liebe entgegenzubringen. Wer soll es denn sonst tun? Und wenn wir sie uns selbst entgegenbringen können, dann können wir sie auch allen Söhnen und Töchtern Gottes entgegenbringen, die nicht wissen, dass sie geliebt und geschätzt werden, so wie sie sind.

Dort in meinem Wohnzimmer bekam ich meine Hausaufgaben für den Rest meines Lebens. Ich war nicht hier auf dieser Erde, um das Opfer einer kalten, brutalen, gleichgültigen Welt zu sein. Ich war hier, um die Liebe in meinem eigenen Herzen aufblühen zu lassen und diese Liebe an jeden weiterzugeben, der mir begegnete. Ich war weder das Opfer noch der Henker, sondern der König, der das Urteil aufhob. Ich war der Erlöser, der den Weg zur Befreiung wies. Damals wusste ich das noch nicht, aber Christus hatte mich gepackt und wohin ich von diesem Tag an auch ging – er ging Hand in Hand mit mir.

Suchen und Finden

Mein Leben verlief von diesem Tag an nicht besonders ereignisreich. Ich las viele Bücher von Martin Buber. Und ich verschlang die Worte des Baal Shem Tov, Rabbi Nachmans und der großen hassidischen Rabbis. Ich entdeckte im Judentum eine freudvolle, seelenvolle, liebevolle Ader, die es mir möglich machte, mein jüdisches Erbe anzunehmen.

Aber ich begann Gott auch auf der intellektuellen Ebene zu suchen. Ich wurde durstig nach Wissen. Also studierte ich die Kabbala, den ägyptischen Tarot, esoterische Astrologie und Psychologie. Ich studierte buddhistische, hinduistische und taoistische Schriften sowie humanistische, transpersonale und Jungsche Psychologie. Ich entwickelte meine Intuition und benutzte sowohl meine linke als auch meine rechte Gehirnhälfte, um menschliche Verhaltensweisen verstehen zu lernen. Ich stellte Horoskope, gab Tarotsitzungen und führte psychologische Beratungsgespräche.

Meine Klienten waren glücklich, aber ich war es nicht. Je mehr ich lernte, desto weiter schien ich mich von der Wahrheit zu entfernen. Und plötzlich wurde mir bewusst, dass meine Werkzeuge zu Hindernissen geworden waren. Sie machten mir keine Freude. Der Intellekt, wie sehr er sich auch anstrengen mochte, würde niemals in der Lage sein, die Bedeutung der menschlichen Existenz oder ihre Verbindung zum Göttlichen zu erfassen.

Etwa zu diesem Zeitpunkt stieß ich auf *Ein Kurs in Wundern* von Helen Schuckman, einer an der Columbia

University tätigen klinischen Psychologin. Es wird behauptet, Jesus habe dieses Buch durch Helen geschrieben.

Als ich das Buch in die Hand nahm, hatte ich das gleiche Gefühl wie damals bei *Ich und Du* von Martin Buber. Das Gefühl, dass jemand direkt zu mir sprach und dass die Worte jede Zelle meines Körpers in Schwingung versetzten. Ich wusste, dass diese Lehre der nächste Schritt auf meinem spirituellen Weg war, dass sie aus der gleichen Quelle stammte wie das andere Material.

Allerdings war mir die Vorstellung, dass Jesus dieses Buch geschrieben haben sollte, ziemlich unangenehm. Außerdem hatte ich etwas gegen die christliche Terminologie und die altmodische Sprache, die hier verwendet wurde. Warum war ein Buch, dessen Inhalt ich intuitiv als wahr erkannte, in eine Form gekleidet, die mich abstieß? Warum brauchte man hier 1100 Seiten, um die Wahrheit auszudrücken, während Lao Tzu mit 81 Versen auskam?

Es dauerte mehrere Jahre, bis ich erkannte, dass nur *Ein Kurs in Wundern* mich damals zu Jesus führen konnte. Sicher, der Stil gefiel mir nicht, aber mir gefiel, was dieses Buch zum Ausdruck brachte. Es verkörperte die authentische Lehre Jesu, die ich in meinem Herzen kannte. Es hatte psychologische Tiefe und geistige Substanz. Es konnte durchaus neben den weisesten Lehren des Ostens bestehen.

Es sprach den Skeptiker in mir an. Und obwohl es mir zunächst ein wenig schwer fiel, Worte wie „Heiliger Geist" in den Mund zu nehmen, wusste ich, dass ich stattdessen ebenso gut „Tao" sagen konnte, ohne den Sinn zu verändern. Der Heilige Geist ist jene transpersonale göttliche Energie, die sich durch jeden von uns manifestiert – genau wie das Tao.

Der wichtigste Aspekt dieser Lehre war, dass sie die Aufmerksamkeit auf die persönliche Beziehung zum Göttlichen lenkte und die Zuversicht weckte, dass jeder von uns eine dauerhafte Beziehung zu Gott haben kann. Wir können um Hilfe bitten und sie wirklich bekommen. Wir können uns mit unseren Problemen an Gott wenden und Er/Sie wird uns auf eine Weise führen, die jedem an der Situation Beteiligten gerecht wird. *Ein Kurs in Wundern* war nicht nur Theologie, sondern eine praktische Methode, die uns helfen konnte, im Gottesbewusstsein zu leben.

Leider versuchten die meisten Menschen, die mit dem *Kurs* arbeiteten, ihn zu verstehen oder zu lehren. Sie ließen das Material nicht in ihr Herz oder ihr Leben hinein. Sie praktizierten es nicht. Und ohne Praxis ist es nur eine weitere kluge Theorie, die auf die Wahrheit hinweist. Damit man die Wahrheit in sich aufnehmen kann, muss man sie in die Tat umsetzen.

In dieser Zeit begann ich, mit dem Material auf eine vom Herzen kommende Weise zu arbeiten, bei der das persönliche Erleben im Vordergrund stand. Ich veranstaltete Konferenzen und Workshops und lud die Teilnehmer ein, die Lehre zu praktizieren. Außerdem brachte ich eine Zeitschrift heraus, die zu offenem Austausch und Toleranz aufrief und dogmatische Ansätze ablehnte. Ich wollte erreichen, dass unsere Gemeinschaft ihre Lehre lebte, dass wir die Liebe lebten, von der wir sprachen.

Dann begann ich in meinem Innern eine Stimme zu hören, die immer wieder sagte: „Ich will, dass du mich anerkennst." Diese Stimme meldete sich in allen Seminaren und Workshops, aber ich ignorierte sie. Es gab nur eine Person, die ich nicht anerkannte und auch nicht anerkennen wollte. Ich wollte nicht aufstehen und sagen „Jesus ist mein Lehrer". Ich wollte nicht sagen: „Jesus ist der Autor von *Ein Kurs in Wundern.*" Doch je mehr ich mich dagegen wehrte, desto lauter wurde die Stimme. Jesus begann in meinen Träumen zu mir zu sprechen. Diese Träume waren irgendwie surrealistisch und seltsam lebensecht. In einem dieser Träume befand ich mich in einer großen Höhle. Außer mir waren noch einige Gestalten in braunen Kapuzengewändern anwesend. Aus dem Augenwinkel beobachtete ich, wie einer dieser Männer sich bückte und ein schimmerndes Schwert aufhob. Er drehte sich um und kam, das Schwert vor dem Herzen haltend, direkt auf mich zu. Als er ganz nah war, blickte ich ihm ins Gesicht und erkannte, dass es Jesus war. Wir schauten einander tief in die Augen und er legte das Schwert flach gegen meine Brust. Plötzlich schoss eine unglaubliche Energie durch meinen Körper. Sie warf mich rückwärts gegen die Steinmauer und ich fiel zu Boden. Jesus trat neben mich und schaute auf mich nieder. „Du siehst, dass diese Energie real ist. Du wirst sie als Heilenergie nutzen, so wie ich es getan habe."

Auf sein drittes Auge deutend fuhr er fort: „Hier musst du absolut von der Unschuld der anderen Person überzeugt sein und hier" – er deutete auf sein Herz – „musst du sie bedingungslos lieben und annehmen. Diese mentalen und emotionalen Energien bilden ein Energiedreieck mit deinen Händen, sodass die Heilkraft durch deine Hände zu der anderen Person hinfließt. Wenn diese Person die Wahrheit, die du denkst, und die Liebe, die du empfindest, annehmen kann, dann kann sie auch die Schwingungen dieser Wahrheit und Liebe empfangen, die durch deine Hände fließen."

In diesem Traum beantwortete Jesus auch einige meiner Fragen, die sich vor allem auf ein paar Abschnitte von *Ein Kurs in Wundern* bezogen, in denen er angeblich behauptet, unsere physischen Körper und die Welt, in der wir leben, seien lediglich Schöpfungen unseres Egos. „Das ist wahr", sagte er, „weder der Körper noch die Welt sind die höchste Realität, aber man sollte sie deshalb nicht ablehnen oder gering schätzen. Alles kann durch bedingungslose Liebe auf eine höhere Ebene gehoben werden."

Er sagte, der Körper könne ein Instrument sein, durch das die Liebe sich ausdrückt, so wie die Welt ein Ort sein könne, wo Liebe und Mitgefühl zu Hause sind. Ob Körper und Welt vom Ego erschaffen wurden, sei zweitrangig – wichtig sei, auf welche Weise und wozu man sie nutzt. Dienen sie dem Ego oder dem wahren Selbst? Buber hatte mich bereits gelehrt, dass das „ich" in der „Ich-es"-Beziehung nicht das gleiche ist wie das „ich" in der „Ich-du"-Verbindung. Es ist ein Unterschied, ob man den Körper auf eine liebevolle oder auf eine angstbesetzte und aggressive Weise einsetzt. Das Problem ist weder „der Körper" noch „die Welt". Es kommt ganz darauf an, wie man damit umgeht.

Sex ist beispielsweise weder gut noch schlecht. Wenn Sexualität mit Liebe verbunden ist, wird sie zum Ausdruck dieser Liebe. Ohne Liebe wird sie jedoch zu etwas Mechanischem, Seelenlosem. „Alles kann durch die Macht der Liebe auf eine höhere Ebene gebracht werden", sagte er zu mir. Nicht was du tust ist entscheidend, sondern wie du es tust.

Jesus lehrt Liebe. Er will uns nicht in jeder Situation vorschreiben, was wir tun sollen. Es liegt ihm nichts daran, 613 Gebote zu verkünden, wie wir sie im Talmud haben. Zehn Gebote sind wahrscheinlich schon mehr als genug für uns. Er gibt uns nur zwei: „Liebe deinen Nächsten wie dich selbst" und „Stelle keine anderen Götter über Ihn".

Setze Gott an die erste Stelle in deinem Leben und liebe deinen Nächsten. Das ist eine sehr einfache Lehre, aber auch eine sehr herausfordernde Praxis.

Als die Energie Jesu mein Leben zu beeinflussen begann, fühlte ich mich mit einem Mal stark zu ihm und seiner Lehre hingezogen. Sie ist so einfach und klar.

Ich erkannte, dass wir diese reine Lehre aus den Augen verloren hatten. Was wir in Händen halten, ist nicht das, was er uns gegeben hat, sondern das, was andere uns in seinem Namen gegeben haben. Mir wurde vollkommen klar, dass die auf Angst und Schuldgefühlen beruhenden Lehren der Kirche nichts mit Jesus zu tun haben. Jeder Mensch, der Jesus in seinem Herzen kennt, hat diese innere Gewissheit. Jesus ist ein kompromissloser Lehrer der Liebe. Sein Feuer wird angefacht von seiner absoluten Hingabe an die Liebe und von der Beharrlichkeit, mit der er uns sagt, dass Liebe die einzige Lösung für all unsere Probleme ist.

Ich musste ständig an seine Worte denken, aber ich spürte auch seine Präsenz innerhalb und außerhalb von mir. Kurz nachdem ich von der Begegnung in der Höhle geträumt hatte, traten mehrere Heiler in mein Leben, die durch Handauflegen heilten. Damals veranstaltete ich große Konferenzen für Menschen, die mit dem *Kurs in Wundern* arbeiten wollten, und ich lud viele dieser Heiler ein, bei solchen Veranstaltungen Vorträge zu halten und Workshops zu leiten. Damit brachte ich allerdings jene Puristen unter den Anhängern des *Kurses* gegen mich auf, die eine körperfeindlichere Haltung eingenommen hatten.

Bei einer dieser Konferenzen fanden zahlreiche Heilungen statt. Die ganze Zeit über fühlte ich, dass Jesus anwesend war. Ich spürte eine ungeheure Energie in meinem Herzen und jedes Mal, wenn ich jemanden umarmte, fühlte ich, wie sich diese Energie durch mein Herz und meine Hände auf die andere Person übertrug. Ja, mein Herz brannte lichterloh, mein ganzer Körper brannte wie Feuer und ich fragte mich, wie ich das aushalten sollte. Ich ritt buchstäblich auf einer Welle von Energie. Einerseits fühlte es sich so wunderbar an, dass ich mir wünschte, es würde nie aufhören, andererseits war es so intensiv, dass ich mich fragte, wie ich in diesem Zustand bleiben könne, ohne zu explodieren.

Die Leute kamen zu diesen Veranstaltungen und spürten die Energie ebenfalls, aber wenn sie dann nach Hause zurückkehrten, fielen sie in ein tiefes Loch. Das war für mich nicht in Ordnung. Ich wusste, dass wir den Menschen zeigen mussten, wie sie auch zuhause mit der Christus-Energie in Verbindung bleiben konnten. Deshalb entwickelten wir den *Affinity Group Prozess*. Jesus stimmte zu. Er sagte: „Die Zeit für diese großen Veranstaltungen ist bald vorbei. Bald wirst du intensiver mit kleineren Gruppen arbeiten."

Bei unseren Großveranstaltungen spürten die Menschen zwar die Christus-Energie, aber sie wussten nicht, woher sie kam und wie sie mit ihr in Kontakt bleiben konnten.

Woher sie kam, ist ziemlich einfach zu erklären: Wenn Menschen bereit sind, ihre Urteile und Wertungen fallen zu lassen und einfach zu vertrauen, kommen sie in einen Zustand der Ekstase. Sie schauen völlig fremden Menschen in die Augen und empfinden Liebe – nicht nur für einige wenige Menschen, sondern für alle. Es ist jene Art von Liebe, die aufsteigt, wenn man sich in den Raum des Herzens fallen lässt. Wenn man in diesem Raum ist, empfängt jeder, der einem begegnet, diese Liebesschwingung, denn solange man im Herzen verweilt, kann man nicht aufhören zu lieben. Doch sobald man wieder anfängt zu werten, sobald wieder Angst aufsteigt und sich festsetzt, schiebt sich erneut der Schutzpanzer vor das Herz und der Fluss der Liebe versiegt.

Das konnte man bei vielen Teilnehmern beobachten: Irgend jemand „drückte ihre Knöpfe" und schon zogen sie sich auf ihre Zimmer zurück. Wenn die Angst dann wieder verschwand und sie aufhörten zu urteilen, kamen sie in die Gruppe zurück, um sich wieder aufzuladen. Die Leute erkannten nicht, dass der ekstatische Zustand seinen Ursprung in ihnen selbst hatte, dass er in ihnen ausgelöst wurde, weil sie ihre Urteile und Wertungen losgelassen hatten. Sie wussten nicht, dass es von ihrer eigenen Bereitschaft zur Hingabe abhing, ob sie zu einem Kanal wurden, durch den die Liebe ungehindert fließen konnte. Und deshalb konnten sie diese Erfahrung nicht mit nach Hause nehmen. Sie kamen immer wieder zu den Veranstaltungen, um ihren leeren Tank mit Liebe „aufzufüllen", aber diese Liebe war immer nur von kurzer Dauer, weil sie nicht von eigener Hingabe gespeist wurde.

Als wir den Teilnehmern klarzumachen begannen, dass weder die Veranstalter noch die Referenten, sondern einzig sie selbst für ihre Erfahrung verantwortlich waren, wurden die Gruppen immer kleiner. „Du bist der einzige Mensch, um den es hier geht", sagten wir zu den Leuten. „Niemand kann dir die Antworten auf deine Fragen geben. Deine Verbindung zur Liebe ist eine innere Angelegenheit, keine äußere." Wir integrierten den *Affinity Prozess* immer stärker in die Veranstaltungen und allmählich fingen die Leute an zu begreifen, worum es ging. Sie begannen zu verstehen, dass sie selbst die Liebe und das Licht der Welt waren. Wir sind die Vehikel, über die Weisheit und Liebe sich manifestieren können, und zwar nicht nur einer oder zwei von uns – nein, jeder ist dazu fähig. Christus war nicht nur für Jesus erfahrbar, er lebt in jedem von uns.

Der Meister

Ich war immer wieder erstaunt darüber, dass die Menschen, die mit dem *Kurs* arbeiteten, zwar glaubten, dass Jesus durch Helen sprach, sich aber nicht vorstellen konnten, dass er auch durch andere sprechen könne. Als ich anfing, meine eigene Verbindung zu Jesus anzuerkennen und mich ihr hinzugeben, erkannte ich, dass er auf verschiedene Weisen zu so vielen Menschen sprach. Ich erkannte, dass seine Energie und weise Führung hinter den zwölf Schritten der Anonymen Alkoholiker steckte. Ich hörte ihn durch „wiedergeborene" Christen sprechen. Ich nahm seine Präsenz in den einfachen Taten vieler Menschen wahr, die anderen dienten, ohne irgendeiner Religion anzugehören.

Jeder Mensch, der bedingungslose Liebe, Annahme und Vergebung verkörperte, war sein Botschafter, sein Jünger. Manche wussten es, andere nicht. Aber das spielte keine Rolle. Was zählte war allein die Tatsache, dass sie Liebe in die Welt trugen. Und da sie Liebe gaben, wurde sie auch ihnen ganz selbstverständlich zuteil. Je mehr sie gaben, desto mehr empfingen sie. Es herrscht kein Mangel an Liebe in der Welt, denn die Liebe wohnt im Herzen eines jeden Menschen. Wenn man auf sie vertraut und sie zum Ausdruck bringt, manifestiert sie sich in der Außenwelt. Durch diesen Prozess wird jede(r) „emporgehoben".

Wenn ich mit Jesus sprach, behauptete er nie, der einzige Sohn Gottes zu sein. Er behauptete auch nie, dass er für unsere Sünden gestorben, übers Wasser gewandelt, von einer Jungfrau geboren oder körperlich auferstanden sei. Nein, er besteht darauf, dass wir alle Söhne und Töchter Gottes sind, dass jeder von uns seine Sünden hinter sich lassen und seine Unschuld zurückgewinnen kann. So wie er gekreuzigt wurde, werden auch wir von unseren Ego-Erfahrungen gekreuzigt, aber auch wir können noch in diesem Körper und auf dieser Welt von der Macht der Liebe emporgehoben werden und unser wahres Wesen erkennen.

Jesus sagte stets zu mir: „Was ich getan habe, das kannst auch du tun, wenn du dazu bereit bist." Er hat sich nie als höherstehend betrachtet. Wenn ich ihn über mich stellen wollte, stieg er herab, um mir geradewegs in die Augen zu schauen. Und wann immer ich versuchte, mich über irgendeine(n) meiner Schwestern und Brüder zu stellen, sagte er: „Wenn du nicht den Geringsten unter ihnen liebst, liebst du auch mich nicht."

Jesus spricht nicht für eine Frau oder einen Mann, sondern für alle Menschen. Er liebt uns alle und lässt nicht zu, dass wir uns im Vergleich mit anderen als besser oder schlechter, höherstehend oder wertloser betrachten. In seinen Augen sind wir alle gleich spirituell. Der Papst ist nicht heiliger als die Prostituierte an der Ecke oder der Betrunkene im Straßengraben. Wir müssen zweifellos viele Vorurteile und Überzeugungen aufgeben, wenn wir einander so sehen wollen, wie Jesus uns sieht.

Auch wenn Jesus uns sagt, dass der menschliche Körper und diese Erde nicht die höchste Realität darstellen, möchte er, dass wir unseren Körper und die Erde respektvoll behandeln. Indem wir die Formen achten, in denen und durch die wir leben, achten wir auch die Energie, die ihnen Leben gibt und sie emporhebt. Liebe ist die höchste Realität. Sie ist der Anfang und das Ende, das Alpha und das Omega. Sie ist der Zündfunke der Schöpfung, ihre Fülle und ihre Erfüllung. Sie strahlt aus sich selbst heraus und ruht in sich selbst. Ob sie steigt oder fällt, zunimmt oder abnimmt, Ebbe oder Flut ist – niemals verliert sie die Verbindung zu sich selbst. Und so verlieren auch wir, wenn wir mit ihr in Kontakt sind, niemals die Verbindung zu uns selbst.

Wir können in diesem Körper und in dieser Welt mit der höchsten Realität kommunizieren. Wir können die Liebe erfahren, können sie geben und empfangen. Aber wir können uns auch mit diesem Körper und dieser Welt identifizieren und unsere Verbindung zur höchsten Realität unterbrechen. Wenn das geschieht, leiden wir. Doch dieser Schmerz weckt uns auch auf. Er erinnert uns daran, dass wir nicht glücklich sein können, solange wir nicht in Kontakt mit der Liebe sind. Glücklicherweise sind wir nie weiter als einen Gedanken von ihr entfernt. Wenn wir die Verbindung zur Liebe verlieren, brauchen wir nichts weiter zu tun, als einen liebevollen Gedanken zu denken, damit sie wieder in unserem Herzen fließt.

Der Tod mag den Körper und die Welt zerstören, aber niemals kann er die Liebe zerstören, denn die Liebe ist ewig. Sie ist nicht auf einen bestimmten Körper oder eine bestimmte Persönlichkeit beschränkt.

Auch wenn Jesus jetzt nicht physisch auf dieser Erde weilt, ist er doch in der Liebe gegenwärtig. Wenn wir uns auf die Liebe einschwingen, schwingen wir uns auf Jesus ein. So einfach ist das. Wenn du nach einer historischen Gestalt namens Jesus suchst, wird es dir wahrscheinlich schwer fallen, ihn zu finden. Diese Körper-Geist-Einheit existiert bereits seit vielen Jahrhunderten nicht mehr. Wenn du jedoch nach Jesus, der liebenden Präsenz, Ausschau hältst, musst du nicht sehr weit gehen. Immer, wenn du zu ihm sprichst, ist er da. Du musst nur still lauschen, um seine Stimme zu hören. Du musst nur ruhig sein, um seine Gegenwart unmittelbar zu spüren.

Die Essenz des Christseins ist die persönliche Beziehung zu Jesus. Solange du seine Präsenz nicht spürst, solange du ihn nicht hörst und dich hier und jetzt seiner Führung anvertraust, wird es dir schwer fallen, seiner Lehre zu folgen.

Jesus ist kein abstraktes Bild aus der Vergangenheit, sondern eine lebendige Realität. Er existiert nicht in einem getrennten Körper, sondern lebt in der Liebe, die alle Körper, alle Herzen und Seelen emporhebt. Du kannst gemeinsam mit ihm denken, fühlen und atmen.

Dieses mitfühlende Wesen, das uns vor zweitausend Jahren die Lehre von Liebe und Vergebung brachte, bringt sie uns auch heute noch. Gott hat nicht aufgehört zu uns zu sprechen – durch Jesus und andere große Wesenheiten, die sich ihm angeschlossen haben, um gemeinsam mit ihm dieses großartige Werk der Versöhnung zu vollbringen.

Jedes Mal, wenn ein Mensch sein wahres Wesen erkennt, steigt eine große Sonne im Herzen des archetypischen Menschen auf und berührt uns alle mit ihrem Licht und ihrer Liebe. Kein Wunder, dass wir seine Liebe spüren. Kein Wunder, dass wir die Liebe aller Wesen spüren, die unser höchstes Gut im Herzen tragen.

Das Göttliche im Menschen

Das Leben Jesu versinnbildlicht die höchste spirituelle Lehre und verkörpert als solches die ganze Macht eines Mythos. Wir glauben, dass Jesus von göttlicher Herkunft ist, dass er von Gott gesandt wurde, um uns zu erlösen. Um seine göttliche Herkunft hervorzuheben, erzählen wir die Geschichte von der jungfräulichen Geburt. Wir glauben, dass Jesus nicht dem menschlichen Milieu entstammte, dass er nicht durch einen sexuellen Akt gezeugt wurde, sondern Maria von Gott als Geschenk für ihre Reinheit und ihren Glauben gegeben wurde. Indem wir aber glauben, dass diese göttliche Herkunft nur für Jesus oder vielleicht noch für Maria gilt, schaffen wir eine Distanz zwischen uns und ihnen. Wir stellen sie auf ein Podest. Sie sind göttlich und wir sind menschlich. Sie sind Gottes Geliebte und wir sind nur arme Sünder. Man braucht wohl nicht eigens darauf hinzuweisen, dass eine solche Lehre nicht gerade ermutigend ist.

Wenn wir uns das Leben von Jesus jedoch genauer betrachten, sehen wir, dass er sich niemals über andere stellte. Er kümmerte sich um die Armen, die Kranken, die Unterprivilegierten. Er verkehrte mit Leprakranken und Prostituierten. Er verkündete seine Wahrheit überall, wo er hinkam. Er predigte nicht für die Reichen und Berühmten oder für die spirituelle Elite. Sein Evangelium war für jede Frau und jeden Mann. Er respektierte selbst die Niedrigsten und Ärmsten und gab ihnen ein Gefühl für ihre Würde. Jesus hat nie versucht, sich selbst auf ein Podest zu stellen. Stattdessen war ihm daran gelegen, jeden Menschen, dem er begegnete, emporzuheben. Wenn er von göttlicher Herkunft war, so sind wir es auch. Alles, was er vermochte, vermögen auch wir – und noch mehr. Er beanspruchte für sich keinen besonderen Status. Er wollte uns einfach den Weg zeigen, den auch wir gehen können. Er führte nicht nur mit Worten, sondern auch durch sein Beispiel. Wenn wir eine persönliche Beziehung zu Jesus haben wollen, dann müssen wir sie mit dem Menschen eingehen, nicht mit dem Mythos. Er entspricht dem Archetypus des Gottmenschen, des Göttlichen im Menschlichen. Und als solcher ist er größer als das Leben. Wie kann man eine Beziehung zum einzigen Sohn Gottes haben? Das ist sicher genauso schwer wie eine Beziehung zu Gott selbst zu haben. Eine solche Beziehung ist immer privilegiert, sie ist immer etwas Besonderes. Diese Besonderheit und Privilegiertheit war natürlich Teil des Hochmuts der jüdischen Tradition. Waren die Juden nicht das „auserwählte Volk"?

War Jesus gekommen, um diese Tradition der „Besonderheit" fortzusetzen oder um sie ein für alle Mal zu zerstören? War er gekommen, um uns daran zu erinnern, dass wir alle gleich sind und eine innere Verbindung zu Gott haben, oder kam er, um eine weitere spirituelle Elite heranzuzüchten? War er ein Verkünder der universellen Wahrheit oder des engstirnigen Chauvinismus?

In Wirklichkeit war seine Lehre die radikalste, die je auf diesem Planeten vernommen wurde. „Liebe jeden, sogar deine Feinde ... halte auch noch die andere Wange hin ... urteile nicht, auf dass du nicht verurteilt wirst." Jesus war kein „Weichei" sondern eine lodernde Flamme.

Er kam, um im Judentum eine Revolution anzuzetteln, um ihm seine Überheblichkeit und Exklusivität zu nehmen, um es zu öffnen und in eine universale, jedem Menschen zugängliche Lehre zu verwandeln. Er kam nicht, um eine weitere engstirnige Religion zu gründen.

Wäre er heute körperlich auf dieser Erde anwesend, so wäre er weder Jude noch Christ. Er würde ohne jegliche Etiketten leben und lehren, ohne Vorurteile, ohne Ideologien, die die Menschen voneinander trennen. Wäre er heute hier, so wäre seine Lehre für die Mächtigen und Privilegierten genauso bedrohlich wie sie es damals war. Und es ist ziemlich wahrscheinlich, dass wieder eine Verschwörung gegen ihn angezettelt würde, dass er wieder verraten und jenen Autoritäten in die Fänge getrieben würde, die er in Frage stellt. Vielleicht würde man ihn heutzutage nicht kreuzigen, aber es könnte sein, dass er sein Leben im Gefängnis zubringen oder in der Todeszelle auf eine klinischere Form der Exekution warten müsste.

Solange wir das Potential unseres eigenen inneren Christus verleugnen, werden wir fortfahren, den Christus außerhalb von uns zu kreuzigen. Deshalb ist Jesus heute nicht in einem physischen Körper auf dieser Erde. Er hat es nicht nötig, die Karfreitagsvorstellung noch einmal zu wiederholen – und wir auch nicht.

Wir müssen erkennen, dass wir heute den Weg gehen, den Jesus einst ging. Das Passionsspiel ist heute nicht seine Sache, sondern unsere. Wir müssen entscheiden, ob wir weiterhin unser Kreuz den Hügel hinaufschleppen oder ob wir es niederlegen wollen. Wenn wir darauf bestehen, es weiterhin zu tragen, werden wir nicht die einzigen sein, die gekreuzigt werden. Andere werden pflichtschuldig in unsere Fußstapfen treten.

Legen wir aber unser Kreuz nieder, können wir denen, die hinter uns gehen, diesen Weg der Angst und Schuld ersparen und auf der Erde kann eine neue Zeit anbrechen, eine Zeit, in welcher der jedem von uns innewohnende Christus gefeiert wird anstatt ans Kreuz geschlagen zu werden. Diese Zeit wird kommen, und Jesus tut, was in seiner Macht steht, um mitzuhelfen, dass sie so bald wie möglich anbricht. Wenn wir bereit sind, auf ihn zu hören und seine Lehre zu leben, wenn wir sie in der Welt manifestieren, indem wir Liebe und Mitgefühl verkörpern, dann wird es nicht mehr allzu lange dauern. Wir sind sein Fußvolk. Jetzt, da wir unsere Bürde aus Schuld und Angst abgelegt haben, ist unsere Last leichter geworden. Jetzt können wir liebevoller und vertrauensvoller weiterarbeiten.

Das Tragen des Kreuzes, die Kreuzigung und die Wiederauferstehung sind nicht Geschichte, sie sind ein Mythos. So wie Jesus ungebrochen von der Brutalität der Welt in sein göttliches Heim zurückkehrte, so werden auch wir zurückkehren. Obwohl es scheint, als sei unsere irdische Reise von Schmerz und Leid geprägt, bleibt ein Teil von uns davon unberührt – unschuldig wie ein in Windeln gewickeltes Baby. Wie Jesus auferstanden ist, werden auch wir auferstehen. Nicht, weil wir vollkommen sind, nicht weil wir fehlerlos sind, sondern weil wir gelernt haben, uns selbst und anderen zu vergeben.

Indem wir unser Menschsein lieben und annehmen, wie Jesus es getan hat, fangen wir an, uns mit der Essenz der Liebe, mit unserer göttlichen Natur zu verbinden. Wir begegnen dem ursprünglichen Selbst, das nicht geboren wurde und nicht stirbt, jenem Selbst, das weder verletzt noch korrumpiert werden kann, auch wenn unser Passionsspiel uns dazu verleiten könnte, etwas anderes zu glauben.

Unsere Erlösung hängt hauptsächlich von unserer Fähigkeit ab, unseren Schatten liebevoll zu umarmen. Der Sohn Gottes leugnet seine Angst nicht und projiziert sie nicht auf andere. Er lässt sie hochkommen und umfängt sie mit Liebe, denn wenn die Angst in Liebe gehüllt wird, löst sie sich auf.

Legt man den Schwerpunkt auf die Liebe, ergibt sich alles, was nicht Liebe ist, in dem Bewusstsein, dass es Liebe braucht. Jesus hat oft gesagt: „Widerstehet nicht dem Bösen." Der dunklen Seite Widerstand zu leisten bedeutet nur, sie zu stärken.

Wenn wir unsere Ängste unterdrücken, fürchten wir ständig, sie könnten plötzlich wieder auftauchen, wenn wir es am wenigsten erwarten. Und wenn wir sie auf andere projizieren, bringen wir unser Leben damit zu, uns gegen vermeintliche Angriffe zu verteidigen. Man kann Angst nicht unterdrücken oder projizieren, ohne sie zu stärken. Jesus wusste das.

Indem die Angst jedoch von der Liebe willkommen geheißen wird, wird sie transformiert. Mangel kann angesichts der Fülle nicht weiterbestehen. Wie kann die Angst also weiter existieren, wenn sie die Gegenwart der Liebe spürt?

Das Annehmen unseres Menschseins führt uns zur göttlichen Präsenz in unserem Innern, denn der Mensch wurde nach dem Bilde Gottes erschaffen. Es ist nichts Schlechtes daran. Es ist nichts Schlechtes an unserer Angst oder an der Angst irgendeines anderen Menschen. Unsere Ängste müssen einfach nur in der Liebe, nach der sie suchen, Ruhe finden. Andernfalls versuchen wir, die Liebe durch unsere Angst zu finden. Das kann nicht gut gehen. Wenn die Angst nach der Liebe sucht, findet sie nur sich selbst.

Im Innern des Menschen Jesus lebt der Christus. Wenn Jesus den Jesus annimmt, mit all seinem Schmerz und all seiner Angst, wird er zum Christus. Das gilt auch für uns. Wenn wir alle Aspekte unseres Selbst annehmen, derer wir uns einst schämten, wenn wir unsere Ängste und die

Ängste anderer liebevoll umarmen, werden auch wir zum Christus. Ein wahrer Christ betet Jesus nicht an und stellt ihn nicht auf ein Podest. Er oder sie verinnerlicht seine Lehre und wird selbst zum Christus.

Gemäß der jüdischen Tradition kann der Messias nicht kommen, solange noch ein Mann oder eine Frau versucht, jenseits der Umarmung Gottes zu existieren. Jesus brachte uns die Lehre, die es uns allen möglich macht, in die Arme der Liebe zurückzukehren. Wir müssen diese Lehre nur leben. In diesem Sinne ist es von großer Bedeutung, welche Entscheidung jeder Einzelne von uns trifft. Denn der Messias wird nicht von irgend einem „höheren" Ort auf die Erde niedersteigen; er/sie kommt aus dem Herzen eines jeden von uns.

Rückkehr nach Eden

Anfangs lebten wir in blindem Gehorsam und hielten uns an das Gesetz. Wir taten, wie uns geheißen und wurden entsprechend belohnt. Wir waren Gottes Geliebte, aber wir hatten niemals die Freiheit gekostet. Dass Gott uns liebte, machte uns glücklich, aber wir wollten mehr. Wir wollten Freiheit.

Wie Prometheus mussten wir das Feuer von den Göttern stehlen. Wir hatten keine andere Wahl. Um uns weiter zu entwickeln mussten wir lernen, Liebe nicht nur zu empfangen, sondern auch zu geben. Wir alle wissen, was dann geschah. Wir wurden aus dem Paradies vertrieben und lernten zum ersten Mal das Gefühl der Scham kennen. Wir versteckten uns vor Gott und voreinander.

Vor der Vertreibung konnten wir von Bäumen ernten, die das ganze Jahr über Frucht trugen. Es gab keinen Winter, keinen Frühling, keinen Herbst, es war immer Sommer und wir kannten keine Mühen und Plagen. Alles, was wir brauchten, hatten wir im Überfluss.

Als wir das Paradies verließen, standen wir zum ersten Mal vor der Aufgabe, für uns selbst zu sorgen. Wir mussten selbständig denken und handeln. Wir mussten lernen, Verantwortung für unser Leben zu übernehmen und Entscheidungen zu treffen.

Der Preis, den wir für unseren freien Willen zahlten war hoch. Aber wir wollten Freiheit. Unbewusste Glückseligkeit war uns nicht genug. Wir wollten bewusst werden, wollten aufwachen. Was wir nicht wussten war, dass wir viele Fehler machen und uns selbst und andere gnadenlos für diese Fehler verurteilen würden. Wir wussten nicht, dass Selbstverachtung und Selbstbestrafung unser Leben bestimmen würden.

Der Weg aus dem Paradies führte uns bis in den Garten von Gethsemane, führte uns von unbewusster Seligkeit zur bewussten Scham, bis zu einem Punkt, an dem wir nicht mehr tiefer fallen konnten. Da standen wir nun auf der Erde, zitternd vor Kälte und ohne einen Funken Selbstvertrauen, und waren nicht einmal mehr in der Lage, uns in unserer Not an Gott zu wenden.

Allmählich und unter Schmerzen lernten wir, auf uns selbst zu vertrauen. Wir fällten Bäume, pflügten die Erde, säten und brachten die Ernte ein. Wir arbeiteten von früh bis spät.

Wir bauten Straßen und Eisenbahnen, große Städte und Industrieanlagen. Unsere Zivilisation breitete sich bis in die Steppen und Gebirge und bis an die Meeresstrände aus. Wir überlebten Dürreperioden und Pestepidemien, Überschwemmungen, Brände und Wirbelstürme. Wir triumphierten über die Natur und machten uns alle Tiere untertan. Wir glaubten, wir würden die Herrschaft über die Erde erlangen, wie es uns einst versprochen worden war.

Aber dabei machten wir Fehler. Wir wurden rastlos, verantwortungslos und gierig. Wir begannen, die Flüsse und Ströme zu vergiften und verbrannten unsere eigenen Städte. Unsere Gefängnisse füllten sich, Mörder, Vergewaltiger und Kinderschänder machten unsere Straßen unsicher. Die Erde wurde an vielen Stellen aufgerissen und ächzte unter der Last unzähliger Autobahnen und riesiger Baustellen. Wir versenkten Plutoniumabfälle in ihren Eingeweiden und verschmutzten ihre glasklaren Meere und sauberen Strände mit schwarzem, klebrigem Öl. Ja, wir zerstörten sogar die schützende Hülle am Himmel.

Allmählich dämmerte uns, dass Gottes Version vom Garten Eden besser war als unsere. Propheten des Untergangs begannen ihre düsteren Botschaften zu verbreiten und die Erde begann sich zu wehren. Gott war zornig auf uns und wir erkannten, dass wir für unsere Sünden würden bezahlen müssen. Die Jahrtausendwende rückte näher und mit ihr schien das Jüngste Gericht nicht mehr fern.

Also fingen wir wieder an, mit Gott zu reden. Hunderttausende riefen nach ihm, selbst Atheisten und Agnostiker begannen zu beten. Wir alle wollten wissen, wo wir standen. War diese Hysterie nur das Millenium-Fieber oder stand die Apokalypse bevor?

Als ich meinem Lehrer diese Frage stellte, antwortete er: „Wenn du ins Paradies zurückkehren willst, musst du dich auf die andere Seite deiner Angst bewegen. Du kannst nicht so tun, als hättest du keine Angst, aber du solltest dich auch nicht von ihr beherrschen lassen. Du musst lernen, deine Ängste in tiefster Stille anzunehmen. Nur wenn du diese mentalen Wucherungen auflöst, kannst du dem nächsten Augenblick mit Liebe begegnen."

„Hütet euch vor falschen Propheten", hatte er einst zu uns gesagt. „Es ist wahr, dass ihr lernen müsst, Verantwortung für euer Handeln zu übernehmen, aber die Naturgesetze haben nichts mit Rache zu tun. Sie sind nicht da, um euch zu bestrafen. Ihr könnt sie verstehen lernen und mit ihnen arbeiten. Jetzt ist wirklich die Zeit gekommen, wo ihr verstehen und kooperieren müsst. Die Erde spricht zu euch. Es ist an der Zeit, auf sie zu hören.

Gottes Sprachrohr

Vor einiger Zeit bekam ich einen Brief von einer Frau. Sie schrieb, meine Aussagen über das Christusbewusstsein hätten sie zwar tief berührt, aber aufgrund ihrer religiösen Erziehung sei es ihr unmöglich zu verstehen, wie ich für Jesus sprechen könne. Viele andere Menschen stellten mir ähnliche Fragen. Sie wollten wissen, warum ich das, was ich tue, nicht als „Channelling" bezeichne. War ich denn kein Kanal für die Worte und die Präsenz Jesu?

Nun, die Wahrheit ist, dass Jesus in mein Leben trat. Ich hatte nicht darum gebetet – zumindest nicht bewusst. Ich spürte in mir einfach eine tiefe Resonanz. Ich hörte die Worte von *Ein Kurs in Wundern*, als würde jemand direkt zu mir sprechen. Genauso erging es mir mit Martin Bubers Worten. Der *Kurs* schien eine direkte Fortsetzung von Bubers Aussagen zum Thema Beziehungen zu sein. Ich fühlte in meinem Herzen, dass ich aufgerufen wurde, diese Arbeit zu tun. Im tiefsten Innern wusste und verstand ich es. Ich spürte es in jeder Zelle meines Körpers. Ohne zu wissen warum, war ich von dieser Wahrheit absolut überzeugt.

Mein Ego war nicht sehr glücklich über diese Entwicklung. Ich empfand nicht gerade Respekt für das Christentum. Daher fiel es mir schwer, mich für Jesus zu öffnen. Ich musste zulassen, dass er direkt zu mir sprach. Ich musste seine innere Autorität akzeptieren. Und ich musste erkennen, dass all die Ungerechtigkeiten und schrecklichen Dinge, welche die christliche Kirche im Laufe der Jahrhunderte begangen hatte, nichts mit Jesus zu tun hatten – weder mit seiner Energie noch mit seiner Lehre.

Ich wurde einfach bereit ihm zuzuhören und öffnete mich für eine Beziehung, die nicht nur Klarheit, sondern auch grenzenlose Akzeptanz und Liebe in mein Leben brachte.

Auf einmal wusste ich im tiefsten Innern, dass ich zu nichts anderem auf die Welt gekommen war, als diese Lehre ganz anzunehmen und ihr als Sprachrohr zu dienen.

Jesus machte mir von Anfang an klar, dass mein „Job" lediglich darin bestand, da zu sein und er alles weitere übernehmen würde. Als ich mit dieser Arbeit begann, war ich meist noch befangen. Wenn ich einen Vortrag halten oder ein Seminar leiten sollte, versuchte ich mich darauf vorzubereiten, machte Notizen, dachte über alles nach. Eines Tages hörte ich seine Stimme in meinem Innern. Er sagte: „Keine Notizen. Du sollst einfach nur da sein." Ich versuchte, die Stimme zu ignorieren, ging in mein Zimmer und machte mir Notizen über das Thema, das ich am nächsten Morgen im Seminar behandeln wollte. Zufrieden legte ich mich ins Bett, denn ich war ja gut vorbereitet. Doch was für eine Überraschung erwartete mich, als ich meine Aufzeichnungen am nächsten Morgen durchlas: Es war absolutes Kauderwelsch!

Ich ging mit völlig leerem Kopf ins Seminar und hörte immer wieder die Worte: „Sei einfach da, alles wird gut gehen."

Als ich vor den Teilnehmern zu sprechen begann, wusste ich nicht, welche Worte aus meinem Mund kommen würden. Doch die Worte und Sätze tauchten genau in dem Moment in meinem Bewusstsein auf, in dem ich sie brauchte. Ich musste sie nur aussprechen.

Nach dem Seminar kamen die Zuhörer auf mich zu und dankten mir begeistert. Aber ich fühlte mich seltsam unbeteiligt. Ich hatte nicht das Gefühl, dass *ich* irgendetwas getan hatte. Und das hatte ich auch nicht. Ich hatte das Seminar nicht geleitet, aber wer hatte es dann getan? Nun, es könnte der Heilige Geist oder meine innere Führung gewesen sein. Für mich wäre es jedenfalls einfacher gewesen, mir vorzustellen, dass „nur der unpersönliche heilige Geist" durch mich gesprochen hatte. Aber die Anweisung „keine Notizen, sei einfach da, ich kümmere mich um alles weitere" hatte ich im Kontext eines inneren Dialogs erhalten, in dessen Verlauf Jesus mich gebeten hatte, ihn als meinen Lehrer anzuerkennen. Er machte mir zunehmend klar, dass mein Ego aus dem Weg zu gehen hatte, wenn ich dachte oder sprach. Und das konnte ich nur erreichen, indem ich tatsächlich einfach nur anwesend war, ohne die geringste Vorstellung von dem zu haben, was geschehen sollte. Indem ich mich dem gegenwärtigen Moment hingab, konnte ich ihm mit offenen Armen begegnen.

In Wirklichkeit brachte Jesus mir bei, das zu tun, was er selbst einst gelernt hatte: jenen Teil des Verstandes aufzugeben, der alles kontrollieren will. Nur so konnte ich lernen, mich auf den Gott in mir zu verlassen.

Jesus war in gewissem Sinne der Hüter der Schwelle, der mir half, die Tür zur göttlichen Präsenz in meinem eigenen Innern aufzustoßen. Weder Jesus noch ich selbst waren von dieser Präsenz getrennt. Man könnte sagen, dass ich, indem ich vertraute und durch diese Tür ging, mich mit Jesus in der ewigen Umarmung Gottes traf und vereinte. Um mich ihm anschließen zu können, musste ich mich dem Christus im eigenen Innern hingeben. Wenn ich eins mit meinem inneren Christus geworden war, war ich auch eins mit Jesus oder Gott.

Während mein Vertrauen im Laufe der Zeit immer stärker wurde – oft sprach ich vor tausend Menschen, ohne vorher zu wissen, was ich sagen würde – begriff ich allmählich, dass ich mit meiner Arbeit nichts anderes tat, als anderen Menschen zu helfen, dieselbe Tür zu öffnen, die Jesus für mich offen hielt. Ich half ihnen, ihre Urteile fallen zu lassen und so in einen Zustand des liebevollen Einsseins zu gelangen, in dem sie selbst zum Christus wurden. Wenn die Worte, die aus meinem Mund kamen, in den Herzen meiner Zuhörer widerhallten, öffneten sie sich für die Wahrheit, die dann zu ihrer eigenen Erfahrung wurde. Nur der Christus in ihnen konnte den Christus in mir hören und wahrnehmen.

Wer oder was verleiht mir also die Autorität, jene Lehre zu verbreiten, die, wie ich im tiefsten Innern weiß, von Jesus stammt? Es ist keine äußere Autorität, sondern eine innere. Es ist die gleiche Autorität, die Jesus sagen ließ: „Ich und der Vater sind eins. Und es ist die gleiche Autorität, auf die Moses sich berief, als er mit den Gesetzestafeln vom Berg herabstieg.

Alle Propheten sind auf die Stimme Gottes eingestimmt, aber diese Stimme existiert nicht außerhalb von ihnen, sondern in ihrem Bewusstsein, in der tiefsten Tiefe ihres Wesens. Diese Stimme existiert auch in deinem Innern, ob du es glaubst oder nicht. Jesus gehört der Tradition der Propheten an und ich selbst reihe mich ebenfalls in diese Linie ein, obgleich ich mich anfangs ziemlich heftig dagegen gewehrt habe.

Dieser Weg zu Gott beginnt mit der Ablehnung äußerer Vorbilder und Idole, es ist ein Weg, der von uns verlangt, dass wir uns dem Mysterium im eigenen Innern zuwenden. Und wenn diese Worte irgendetwas in dir zum Schwingen bringen, dann ist es wahrscheinlich auch dein Weg. Es spielt keine Rolle ob du Christ oder Jude oder Moslem bist. Es ist eine Tradition, keine zwei oder drei. Auch wenn du nie an Gott geglaubt hast, steht dir dieser Weg offen, wenn du nur bereit bist zu vertrauen und auf deine innere Führung zu lauschen.

Im Sinne dieser Tradition kann man auf die Frage „Wer hat dich autorisiert, so zu sprechen und zu handeln?" nur antworten: „Gott in meinem Innern." So würden auch Jesus, Mohammed oder Moses geantwortet haben. Und sie sind ja diejenigen, die uns den Weg zeigten. Würden sie eine andere Antwort von uns erwarten?

Deshalb spreche ich zu dir nicht als jemand, der eine besondere Beziehung zu Jesus oder Gott hat, sondern als ein Mensch, der den Christus im eigenen Innern entdeckt hat. Dadurch bin ich eins mit meinem Lehrer, Jesus von Nazareth. Auch du kannst eins mit ihm sein, wenn du dein Herz für sein Lehre und seine Präsenz in deinem Leben öffnest.

Das Wort „Channelling", wie es im allgemeinen gebraucht wird, kann der Beziehung, von der wir hier sprechen, nicht gerecht werden. Deshalb möchte ich es nicht benutzen. Dennoch erkenne ich die Tatsache an, dass wir alle potentielle Propheten oder „Kanäle" für die Wahrheit sind, wenn wir beiseite treten und die Stimme Gottes (in welcher Form wir sie auch hören) zu uns und durch uns sprechen lassen.

Die Erneuerung des Bundes

In jeder Generation müssen Propheten, Mystiker und Visionäre direkt mit der Wahrheit in Kontakt treten. Indem sie eins mit dieser Wahrheit werden, können sie sie in der Sprache ihrer Zeit zum Ausdruck bringen.

Solche Propheten, Mystiker und Visionäre fordern durch ihre kompromisslose Verkündigung der Wahrheit oft die Institutionen und Mächtigen ihrer Gesellschaft heraus. Das war bei Jesus nicht anders. Diese Menschen beanspruchen eine innere Autorität, keine äußere. Sie wenden sich gegen alle Formen der Heuchelei und Ungerechtigkeit – auch gegen institutionalisierte – und zeigen mit dem Finger darauf. Damit machen sie sich bei der herrschenden Klasse natürlich nicht gerade beliebt.

Weil sie die Menschen auffordern, eigenständig zu denken und Verantwortung für ihr Leben zu übernehmen, entzünden Propheten, Mystiker und Visionäre mit ihren Lehren oft ein Feuer in den Herzen der Menschen. Sie ermutigen die Leute, Fragen zu stellen und den Wert althergebrachter Sitten und Gesetze, die nicht mehr der höchsten Wahrheit dienen, in Zweifel zu ziehen. Im Bewusstsein des Einzelnen wirken ihre Worte und Taten aufrüttelnd, im Bewusstsein der Masse revolutionär. Durch das authentische Leben und Lehren solcher Individuen bleibt die Wahrheit eine lebendige Kraft. Sie spiegelt sich in ihren Handlungen. In ihrem Humor, ihrem Mitgefühl und ihrem Mut erkennen wir das Wirken des heiligen Geistes in dieser Welt.

Den Propheten, Mystikern und Visionären stehen die Fundamentalisten gegenüber: Menschen, die ihr Leben an den Autoritäten der Vergangenheit ausrichten. Sie nehmen die Aussagen der Bibel oder anderer heiliger Schriften wörtlich. Ihnen geht es mehr um die Buchstaben des Gesetzes als um den Geist, der dahinter steht. Als Jesus geboren wurde, waren die Pharisäer die Fundamentalisten unter den Juden. Aber Fundamentalisten gibt es in jeder religiösen Tradition, heutzutage besonders unter Christen und Moslems. Diese Leute glauben, dass es nur eine Wahrheit gibt und dass sie allein im Besitz dieser Wahrheit sind. Meist sind sie intolerant gegenüber anderen religiösen Richtungen und versuchen mit allen Mitteln, andere Menschen zu ihrem Glauben zu bekehren. Oft bringen sie ihre Überzeugungen mit großem Eifer vor, aber dieser Eifer scheint nur eine innere Unsicherheit zu verdecken. Wären sie sich ihrer Beziehung zu Gott sicher, fühlten sie sich von den Glaubensinhalten und Werten anderer nicht bedroht.

Der Fundamentalismus versucht in jeder Epoche zu verhindern, dass die Menschen die Wahrheit in ihren eigenen Herzen entdecken. Er pocht auf eine äußere Autorität, anstatt die innere anzuerkennen. Er errichtet spirituelle Hierarchien und erschafft neue Idole. Er ersetzt die authentische Kommunikation mit Gott durch komplizierte Regeln und Rituale und opfert die Freiheit des Individuums der Tyrannei des Gruppendenkens.

Auch in unserer Zeit wird Christus in dieses sich verengende Bewusstsein hineingeboren. Und indem die Menschen Ihn/Sie in ihren Herzen wiedererkennen, erneuert sich die prophetische Tradition. Neues geistiges Material wird empfangen und von Mystikern und Visionären übermittelt. Die ewige Wahrheit wird im Kontext der Zeit verstanden, in der wir leben.

In mancher Hinsicht ist unsere Zeit verwirrend. Es gibt Tausende von Büchern, Kassetten, Diskursen und Seminaren, in denen angeblich die Wahrheit verkündet wird. Alle möglichen Wege werden angeboten – von Engelseminaren bis zu satanischen Ritualen, von Hexenkunst bis neuer Physik. Alles, vom Lächerlichen bis zum Erhabenen. Manchen Menschen fällt es schwer, hier die Spreu vom Weizen zu trennen. Daneben winden sich die alten hierarchischen Religionen im Todeskampf. Der patriarchalische Gott der Vergeltung hat ausgedient. Es gibt keine Auserwählten mehr, jeder von uns ist auserwählt.

Wir können uns nicht länger an Kirchen oder Gurus orientieren, sondern müssen unsere Richtung im eigenen Innern finden. Wir müssen neue Ideen erproben, müssen experimentieren und herausfinden, was funktioniert und was nicht. Wir müssen unterscheiden lernen. Wir müssen selbst die Verantwortung für unseren Weg übernehmen und lernen, die Wege anderer zu respektieren.

Wir leben in einer aufregenden Zeit, in einer Zeit, in der wir der Verantwortung nicht mehr ausweichen können. Werden wir Fehler machen? Natürlich. Es ist ziemlich wahrscheinlich, dass wir verschiedene Dinge ausprobieren, die nicht funktionieren, und dabei Federn lassen. Aber wir werden daraus lernen und weitergehen.

Wir werden Schicht um Schicht der Scham und der Schuld abtragen, bis wir unserer eigenen Unschuld gegenüberstehen. Dann kehren wir wieder auf die Herzensebene zurück und erkennen, dass nichts, was wir je gedacht, gesagt oder getan haben, uns ewige Verdammnis bringen kann. Denn jetzt haben wir die Wahl. Und jetzt entscheiden wir uns, liebevoll und sanft mit uns selbst und anderen umzugehen. Weder Mitgefühl noch Verantwortungsgefühl kommen über Nacht. Aber du kannst sicher sein, dass sie jetzt in uns geboren werden.

Wo ist das Paradies?

Indem wir vom Baum der Erkenntnis aßen, entschieden wir uns dafür, uns unserer selbst und der uns umgebenden Welt bewusst zu werden. Wir begaben uns auf einen Weg der Fehler und Korrekturen, auf dem wir echtes Wissen über uns und andere erlangen konnten.

Bevor wir von den Früchten jenes Baumes gekostet hatten, lebten wir in blindem Vertrauen. Wir lebten unaufhörlich in Gottes Gnade. Und wir mussten nichts tun, um sie zu verdienen. Wir wurden geliebt, ohne zu wissen warum.

Aber wir wollten es wissen. Wir wollten am Drama der Schöpfung teilhaben, wollten wissen, was unser Schöpfer wusste, wollten lernen, Schöpfer zu sein wie Er. Dieser Wunsch führte zu unserer Manifestation in der Form. Um die Schöpfung erkennen zu können, mussten wir selbst Geschöpfe werden. So begann unser selbstauferlegtes Exil, wir entfernten uns von Gottes allgegenwärtiger Liebe und Gnade.

Diese Wahl erforderte großen Mut. Wir tauschten die absolute Wahrheit gegen relatives Wissen ein. Von diesem Moment an strebten wir nach dem Absoluten, aber wir begegneten nur dem Relativen. Der Weg des Wissens schien nicht zu Gott zurückzuführen, sondern uns im Gegenteil immer weiter von ihm zu entfernen.

Wir handelten sehr mutig, aber Gott war noch mutiger. Er ließ uns frei, damit wir uns auf unsere Suche nach Erkenntnis begeben konnten, wohlwissend, dass wir das von Drachen und Dämonen bevölkerte Reich der Dunkelheit durchqueren würden. Er wusste, dass wir uns in Schuld und Scham verstricken, uns selbst und andere bestrafen würden. Er wusste, dass wir bis an den Rand der Selbstzerstörung gehen würden – und dennoch ließ er uns gehen. Er hatte den Mut, unser Leiden mitanzusehen, es mitzufühlen, ohne unsere Entscheidung zu beeinflussen.

Vielleicht wusste er etwas, das wir damals, als wir den Garten Eden verließen, ebenfalls wussten, heute aber größtenteils vergessen haben. Er wusste, dass sein göttlicher Funke, sein Samenkorn, seine Liebe und Wahrheit in uns weiterleben würden. Er wusste, dass wir diese Liebe verkörpern würden, sobald wir uns ihr zuwendeten. Auf diese Weise würde der Bund, den er mit uns geschlossen hatte, erneuert werden. Wir würden das Licht in der Dunkelheit finden. Nicht nur sein Licht, sondern auch unser eigenes. Dieses Licht und diese Liebe sind unser göttliches Erbe.

Gott wusste, dass wir das Paradies nie ganz verlassen konnten, wie weit wir uns auch entfernen mochten. Im tiefsten Innern unseres Wesens hatten wir bedingungslose Liebe und Annahme erfahren. Wir hatten diese Erfahrung zwar vergessen, aber am Ende, wenn wir uns in tiefstem Schmerz winden würden, würden wir uns daran erinnern. Wir würden uns an Gottes Liebe erinnern, weil sie die Essenz unseres Wesens ist.

Als wir den Garten Eden verließen, begaben wir uns auf eine Suche nach Wissen außerhalb von uns selbst. Wir suchten die Wahrheit in den Ideen und Philosophien anderer Menschen. Wir lasen Bücher und reisten an weit entfernte Orte, immer auf der Suche nach außergewöhnlichen Erfahrungen. All das entfernte uns von unserer inneren Verbindung mit Gott. Wir versuchten, außerhalb von uns selbst zu finden, was wir in unserem Innern bereits hatten. Und je mehr wir im Außen nach der Wahrheit suchten, desto mehr geriet unsere innere Verbindung zur Wahrheit in Vergessenheit. Unsere Beziehung zu Gott, die einst eine innere Angelegenheit gewesen war, wurde zu einer äußeren Sache. Wir schufen uns Idole und beteten sie an. Doch je angestrengter wir im Außen suchten, desto stärker empfanden wir die Leere im Innern. Und je leerer wir uns fühlten, desto verzweifelter suchten wir.

Für einige von verwandelte sich Gott in ein dickes Bankkonto, ein prächtiges Haus oder ein elegantes Auto. Für andere wurde er zu einer teuren Ausbildung oder einer erfolgreichen Karriere. Wieder andere fanden ihr Idol in der Bibel, in einem Glaubenssystem oder einem Guru. Und einige machten Alkohol, Drogen, Sex oder das, was sie für Liebe hielten, zu ihren Götzen. All diese Dinge schienen uns Befriedigung zu schenken, aber wir wurden enttäuscht. Wir blieben innerlich leer und versuchten, diese Leere mit immer mehr Äußerlichkeiten zu füllen. Die Reize der Außenwelt überfluteten uns so stark, dass uns die Fähigkeit abhanden kam, mit unserem eigenen inneren Wesen in Kontakt zu treten. Unsere Beziehung zur Liebe wurde pervertiert. Wir wurden bedürftig, abhängig, fühlten uns allein. Wir vergaßen, Liebe zu geben, konnten sie nur noch fordern.

Obwohl wir uns verzweifelt Beziehungen wünschten, konnten wir ihren Anforderungen nicht gerecht werden. Wir waren so selbstsüchtig, so abwehrend geworden. In diese ausweglose Lage hatten wir uns selbst hineinmanövriert, denn das, was wir uns am meisten wünschten, konnten wir nicht haben – zumindest waren wir davon überzeugt. Auf der Suche nach Gott in der Außenwelt prallten wir auf eine Mauer, die wir weder übersteigen noch umgehen konnten. Sie war zu hoch und zu lang. Wir waren in eine Sackgasse geraten.

Hier fand unsere nach außen gerichtete Reise ein Ende. Uns blieb also nichts anderes übrig als umzukehren. Aber um wirklich umkehren zu können, mussten wir erst einmal erkennen, wie sinnlos es war, außerhalb von uns selbst nach Liebe zu suchen. Dieser Moment der Erkenntnis würde uns auf den spirituellen Weg führen. Er würde das Ende unseres Abstiegs einleiten und unsere Rückkehr ins Paradies ermöglichen.

Wenn ich zurückkehre, suche ich an dem einzigen Ort nach Gott, an dem ich das Göttliche finden kann: in meinem eigenen Herzen und in meinem eigenen Geist. Wenn ich genau hinschaue, sehe ich Christus am Kreuz. Aber dieser Christus ist nicht Jesus. Ich bin es. Gekreuzigt von meiner erbarmungslosen Haltung mir selbst gegenüber. Auf meiner Suche nach dem Glück in der Außenwelt habe ich mir viele Feinde gemacht. Aber der Hass, den ich für sie empfand, ist nichts im Vergleich zu meinem Selbsthass. Jedes Problem oder Trauma, mit dem ich in der Außenwelt konfrontiert wurde, hat eine Wunde in mir zurückgelassen. Jetzt erkenne ich, dass ich selbst der Gequälte bin. Wie Jesus wurde ich gekreuzigt.

Ich dachte, es sei mein Bruder, der die Nägel in meine Hände und Füße schlug. Doch jetzt weiß ich, dass ich es selbst getan habe. Alles, was ich je einem anderen angetan habe, habe ich mir selbst zugefügt. Ich bin das Opfer meines eigenen Handelns. Der Scharfrichter existiert nicht außerhalb von mir. Es ist nicht einfach umzukehren. Es ist nicht leicht, die gesamte Verantwortung für die eigenen Erfahrungen zu übernehmen. Es ist nicht einfach, das Spiel von Scham und Schuld aufzugeben. Doch genau das muss ich tun, wenn ich meinem Leben eine andere Richtung geben will.

Ich muss mich mit der Hölle konfrontieren, die ich in meinem eigenen Bewusstsein geschaffen habe. Ich muss die Verantwortung dafür übernehmen. Ich muss ein für allemal begreifen, dass ich derjenige bin, der das Kreuz schleppt, der gekreuzigt wird und der die Kreuzigung durchführt. Außer mir ist überhaupt niemand da. Doch wenn ich mir selbst all das antun kann, wenn ich mich selbst auf diese Weise quälen und missbrauchen kann, wenn ich durch diese Hölle gehen kann, dann muss ich doch auch derjenige sein können, der Liebe und Mitgefühl schenkt. Kann ich dann nicht auch der Friedensstifter, der Christus sein, der mit ausgebreiteten Armen auf mich zukommt?

Kann ich, wenn ich die Hölle erschaffen kann, nicht auch den Himmel erschaffen? Ist meine Kreativität von Grund auf zerstörerisch oder lenke ich sie nur in die falsche Richtung? Bin ich ein Mann wie Adam oder eine Frau wie Eva, dazu verurteilt, in alle Ewigkeit für meine Fehler zu büßen, oder bin ich der gefallene Engel, der einst an Gottes Seite saß. Der seinem eigenen Stolz zum Opfer fiel und nichts anderes tun muss, als sich hinzugeben, um seinen Platz im Himmel wieder einnehmen zu können?

Habe ich eine Wahl? Kann ich mit Gott arbeiten, statt gegen ihn? Luzifer bedeutet Lichtträger. Der Gesalbte existiert nicht außerhalb. Das ist ein Mythos. Sie/Er kann nur im eigenen Inneren gefunden werden.

Sobald ich aufhöre, mich selbst zu kreuzigen, ist meine Auferstehung nicht mehr fern. Sobald ich bereit bin, meiner verwundeten Seele mit Liebe und Akzeptanz zu begegnen, steigt der innere Christus vom Kreuz herab und geht aufrecht, ohne Scham und Schuld, seinen Weg. Und wenn ich das für mich selbst tun kann, kann ich die Hand der Liebe auch deinem gekreuzigten Selbst reichen. Dann können wir gemeinsam nach Hause gehen.

Wenn Adam und Eva ihre Scham überwinden und einander offen ins Angesicht schauen, sind die Voraussetzungen für die Rückkehr nach Eden erfüllt. Jeder betrachtet sich die Sünden des anderen und sieht nur unbedeutende Fehler. Beide wissen, dass es Zeit ist, etwas zu lernen. Fehler führen nicht in die ewige Verdammnis, aber sie müssen auch nicht wiederholt werden. Wenn jeder Mensch die volle Verantwortung für seine Taten übernimmt, bleibt niemand übrig, den man beschuldigen kann. Dann gibt es keine Feinde mehr im Außen – und dem inneren Feind wurde vergeben. Das ist der Weg, der zurück ins Paradies führt, der Weg der Vergebung, den Jesus uns gezeigt hat und den er uns auch heute noch zeigt.

Sünde und Erlösung

Als ich im Jahre 1973 an meinem Küchentisch sitzend daran dachte, mich umzubringen, wusste ich noch nicht, dass ich für meine Erfahrungen verantwortlich bin. Ich war davon überzeugt, das Opfer einer grausamen, sinnlosen Welt zu sein. Ich wusste nicht, dass mein Schmerz allein meine Sache war und dass es in meiner Verantwortung lag, ihn zu transformieren. Ich wusste nicht, dass ich hier war, um bestimmte Lektionen zu lernen, dass ich beispielsweise lernen sollte, mich selbst und andere zu lieben.

Ich wusste nicht, dass das Leben sich mir nicht so zeigen konnte, wie ich es mir wünschte, solange ich darauf bestand, dass es meinen Vorstellungen entsprach. Meine Erwartungen und Forderungen waren das Kreuz, an dem sich meine Erfahrungen manifestierten. Und solange ich meine Haltung dem Leben gegenüber nicht änderte, waren alle meine Erfahrungen mit Schmerz und Leid verbunden.

Der Versuch, die äußeren Ereignisse und Umstände zu ändern, ohne mich mit meiner inneren Einstellung zu konfrontieren, hatte sich als Zeitverschwendung erwiesen. Wenn ich wollte, dass sich die äußeren Umstände meines Lebens veränderten, musste ich die Dinge so akzeptieren, wie sie waren, und anfangen, mich mit meinen eigenen Bewusstseinsinhalten auseinander zu setzen. Welche Bedeutung gab ich der Situation, in der ich mich befand? Litt ich aufgrund der Ereignisse oder aufgrund meiner Interpretation der Ereignisse?

Der spirituelle Weg beginnt mit einer Selbstprüfung, nicht mit mechanisch wiederholten Worten und Handlungen, die uns befähigen sollen, das zu bekommen, was wir wollen. Die Suche nach Reichtum kann nicht erfolgreich sein, wenn wir innerlich bankrott sind, selbst wenn es uns gelingt, unser Vermögen oder unsere Besitztümer zu vermehren. Innerer Reichtum hingegen führt zu einer angemessenen Versorgung: Wir bekommen weder zu viel noch zu wenig. Wir haben einfach immer genau das, was wir brauchen, wenn wir es brauchen.

Das ist die Erfahrung, die wir im Garten Eden machen. Wenn wir hungrig sind, strecken wir den Arm aus und pflücken eine Frucht von dem Baum, der direkt vor uns steht. Ist es ein Apfelbaum, dann essen wir eben einen Apfel. Wir schieben den Ast nicht beiseite, um nach einem Orangenbaum Ausschau zu halten.

Wir nehmen das Leben an, wie es sich uns darbietet, und vermeiden so einen unnötigen Überlebenskampf. Es findet ein ständiger Dialog mit dem Göttlichen statt. Das Innere und das Äußere stehen permanent miteinander in Verbindung. Wenn wir an unseren Erfahrungen nicht länger etwas auszusetzen haben, wenn wir anfangen, sie anzunehmen und mit ihnen arbeiten, stellen wir fest, dass wir genau das bekommen, was wir brauchen. Wir lernen, hinter die äußeren Erscheinungen zu blicken. Je mehr wir das Leben akzeptieren, je mehr wir uns ihm hingeben, desto harmonischer fühlen sich unsere Erfahrungen an und es fällt uns zunehmend leichter, eine positive Haltung dem Leben gegenüber einzunehmen. Das Ergebnis ist weniger Kampf und mehr Glück.

Ich habe das Prinzip, dass Gedanken schöpferisch sind, auf meine eigene Weise entdeckt. Wie ich etwas betrachte, beeinflusst meine gegenwärtige und meine zukünftige Erfahrung. Wenn ich aufhöre, Widerstand zu leisten, wenn ich nicht mehr kämpfe, wird das Leben leichter. Plötzlich werde ich auf ganz natürliche Weise von den Ereignissen unterstützt. Ich muss nicht länger versuchen, diese Ereignisse geschehen zu machen.

Dadurch, dass ich akzeptiere, was ist, und mit dem Leben kooperiere, beginne ich meine eigene Schöpferkraft zu entdecken. Ich fange an, „mit Gott" zu denken, zu wollen und zu erschaffen, statt von ihm getrennt.

Ich übernehme in jedem Augenblick die Verantwortung für mein eigenes Glück und höre auf, es außerhalb von mir zu suchen. Auf diese Weise verändert sich meine gesamte Erfahrungswelt. Ich bewege mich vom Suchen im Äußeren hin zum Finden im Innern. Und wenn ich im Innern erst einmal fündig geworden bin, spiegelt sich das auch in meinen äußeren Lebensumständen.

Ich kann meine Erfahrungswelt verändern. Das ist eine Tatsache. Aber diese Veränderung beginnt mit einer Verschiebung meiner eigenen Perspektive. Deshalb kann sie niemals etwas Mechanisches sein. Ich muss mit ganzem Herzen beteiligt sein, sonst kann ich nicht das geringste an meinen äußeren Lebensumständen verändern. An erster Stelle steht immer die innere Arbeit. Das Gesetz der Gnade wirkt von innen nach außen. Sobald ich anfange, anders mit meinen Erfahrungen umzugehen, beginnen sich diese Erfahrungen zu verändern.

In dem Moment, in dem wir aufhören, unsere Erfahrungen verändern zu wollen und sie so akzeptieren, wie sie sind, beginnt der Fluss der Gnade zu fließen. Aus diesem Annehmen heraus sagen wir zu Gott: „Ich akzeptiere die Realität, wie sie sich mir zeigt, auch wenn sie mich erschreckt oder mir dunkel erscheint. Ich öffne mich für die innere Weisheit, die sie mir nahe bringt. Ich öffne mich für die Möglichkeit, tiefer lieben und mitfühlen zu können."

Ich weise meine Erfahrungen nicht zurück, nur weil sie sich mir anders darbieten, als ich es erwartet habe. Wenn meine Erfahrungen von meinen Erwartungen abweichen, nehme ich einen tiefen Atemzug, lasse meine Erwartungen los und versuche, das Geschehen mit offenen Armen willkommen zu heißen. Ich weiß, dass meine Aufgabe darin besteht, alles anzunehmen, was mir widerfährt. Und je schwerer mir das fällt, desto mehr kann ich aus der betreffenden Erfahrung lernen.

Ich lerne, meinen Widerstand aufzugeben und mich dem Leben hinzugeben. Ich höre auf, misstrauisch zu sein, und fange an zu vertrauen. Dadurch verändern sich mein Bewusstsein und meine Wahrnehmung. Und indem sich mein Bewusstsein verändert, verändert sich auch die äußere Realität, die mein Bewusstsein spiegelt.

Ich kann nie wissen, auf welche Weise sich die äußere Realität verändern wird. Ich muss auch weiterhin meine Forderungen und Erwartungen loslassen. Das ist ein fortlaufender Prozess. Hingabe ist keine einmalige Angelegenheit. Sie findet kontinuierlich statt, Tag für Tag, Stunde um Stunde, Augenblick für Augenblick. Das Äußere folgt dem Inneren. Das ist ein spirituelles Gesetz – das Gesetz der Gnade. Aber man kann es nicht ermessen. Man kann es auch nicht genau beschreiben. Man kann keine Transformationstechnik daraus machen.

Bewusstsein ist Poesie in Bewegung. Es ist ein Tanz der Formen, die sich für einen Augenblick manifestieren und dann wieder verschwinden. Eine Form entsteht, verändert ihre Gestalt, verschwindet und erscheint aufs Neue. Das Ganze ist ein spielerischer, spontaner, immer wieder neuer Prozess. Man muss im Augenblick leben, um das sehen und schätzen zu können. Es hat weder mit der Vergangenheit noch mit der Zukunft zu tun. In dem Moment, in dem wir verstehen, dass wir allein die Verantwortung für unser Leben tragen, bekommen wir die Einladung zu diesem Tanz. Der Rest ist Übung: der Tanz an sich, der Tanz mit dem Selbst, mit anderen, mit dem sich vor uns entfaltenden Leben und mit dem Gott im eigenen Innern.

Ich erhielt diese Einladung im Jahre 1973. Wann hast du sie bekommen? Wann hat sich Christus mit dir bekannt gemacht? Wann sprach die Stimme des lebendigen Gottes zu dir, als du voller Angst, Misstrauen und Schmerzen warst?

Jesus hat zu uns gesagt: „Klopfet an und euch wird aufgetan." Wenn wir um Hilfe bitten, werden wir sie bekommen. Aber wir bekommen sie niemals ungefragt. Hast du um Hilfe gebeten? Oder versuchst du immer noch, es allein zu schaffen? Es ist einfacher, die Quelle der Liebe zu finden, wenn der Freund in dein Leben tritt. Hast du den Freund gebeten, mit dir zu gehen?

Ich kann dir versichern, dass Sie/Er immer an deiner Seite war, aber das kann dir nichts bedeuten, solange du nicht gelernt hast, um Hilfe zu bitten. Denn solange du nicht bittest, kann Sie/Er nicht erscheinen. Und solange Sie/Er nicht erscheint, wirst du das Gefühl haben, dass du es allein schaffen musst.

Es ist ein Versteckspiel. Zuerst verstecke ich mich und du suchst mich. Dann bist du an der Reihe, dich zu verstecken. Es ist nur so, dass du besser im Verstecken bist, als ich im Finden. Ich bin bereit, mich einzulassen. Ich bin bereit, das Spiel zu beenden. Bist du es auch?

Der Freund ist bei uns, aber wir können ihn nicht sehen. Er führt uns zum stillen Wasser. Er spricht zu unserer Seele. Wenn wir mit ihm verbunden sind, wissen wir, dass all unsere Tage und all unsere Nächte erfüllt sind von Güte und Gnade und dass wir für immer in seinem Haus leben werden.

In jener Zeit, als ich in Schrecken und Unglauben lebte, sprach der Freund mit dröhnender Stimme zu mir. „Es gibt zwei Welten", sagte er, „die Welt des Schmerzes und die Welt der Hingabe, die Welt des Kampfes und die Welt der Gnade. Wähle, welche Welt du sehen willst. Denn die Welt, die zu sehen du wählst, ist die Welt, in der du leben wirst. Wie du säest, so wirst du ernten. Wie du glaubst, so wird dir geschehen."

TEIL 2

Die Lehre

Du und Gott

Ihr habt mich sagen hören: „Ich bin der Weg, die Wahrheit und das Leben." Das gilt genauso für euch. Die Wahrheit, der Weg zum Göttlichen, das Leben des inneren Zeugen führt durch euer Herz. Es gibt keinen anderen Weg. Ich bitte euch, dies zu verstehen, denn es ist die Basis meines spirituellen Erwachens und meiner Lehre.

Gott existiert nicht getrennt von euch. Gott ist die Essenz eures Wesens. Sie/Er ist die Essenz aller Wesen. Gott wohnt in euren Herzen und im Herzen von allem, was existiert.

Gott suchen

Es ist nicht nötig, Gott zu suchen, denn Gott ist bereits die Essenz dessen, was du bist. Um dich mit Gott zu verbinden, musst du einfach nur all das beseitigen, was dich von deinem Wesenskern trennt. Beseitige alle Urteile und Gedanken, mit denen du dich und andere nicht segnest. Diese Urteile und Gedanken sind nicht deine Essenz. Es sind falsche Vorstellungen, die du seit langem mit dir herumträgst. Sie bilden den Schleier der Illusionen, der dich scheinbar von deinem eigenen Herzen und vom Herzen Gottes trennt. Zerreiße diesen Schleier – und du weilst im Herzen. Verweile im Herzen – und Gott wird bei dir sein.

Öffne dein Herz und deinen Geist

Wenn du einen anderen Menschen oder dich selbst verurteilst, sind weder dein Herz noch dein Geist offen. Wenn du dich beklagst, einen Schuldigen suchst, an altem Groll festhältst, die Liebe oder deine Erfahrungen zurückweist, bist du innerlich verschlossen. Und hinter dieser Verschlossenheit steckt einfach nur die Angst, dass du irgendwie wertlos oder nicht gut genug bist.

Wenn du dich wieder mit der Liebe verbinden willst, ist es sehr wichtig, dass du dir deiner Angst bewusst wirst. Du kannst weder dein Herz noch deinen Geist öffnen, solange deine Angst im Unbewussten verborgen bleibt. Du musst sie in dein Bewusstsein heben. Siehst du dann die Angst, die hinter deinen Urteilen und aggressiven Gedanken steckt, dann lass sie einfach sein. Verurteile dich nicht dafür, dass du diese Gedanken hast, und versuche nicht, die Angst wegzuschieben. Verweile mit deiner Angst und wisse, dass es in Ordnung ist, Angst zu haben. Sage dir: „Ich weiß, dass ich Angst habe und mich wertlos fühle. Deshalb beschuldige ich andere und habe an meinem Leben etwas auszusetzen."

Nimm sanft die Verantwortung von den Schultern der anderen: „Niemand anders ist schuld daran, dass ich das Gefühl habe, nicht gut genug zu sein. Ich muss meine Angst und mein Gefühl der Wertlosigkeit nicht auf andere Menschen projizieren. Ich kann mir meine Angst direkt anschauen und erkennen, dass ich mir selbst Liebe und Akzeptanz entgegenbringen muss. Ich kann meine Angst mitfühlend annehmen."

Wenn du in der Lage bist, deine Angst mit Mitgefühl zu betrachten, verbindest du dich wieder mit deinem Herzen. Du öffnest deinen Geist. Indem du andere von deinen Schuldzuweisungen befreist und dich für deine eigene Liebe öffnest, fließt dir neue Energie zu. Dein Bewusstsein erweitert sich. Du siehst deine Situation nicht länger aus einer eingeengten Perspektive.

Liebe ist die Essenz dessen, was du bist. Alles andere, was du in Bezug auf dich und andere Menschen denkst oder fühlst, ist nur eine Illusion. Solche Illusionen entstehen, wenn du aufhörst, dich selbst und andere zu lieben. Die einzige Möglichkeit, Illusionen aufzulösen, besteht darin, jetzt, in diesem Augenblick, mit dem Lieben anzufangen. Wenn du dich wieder mit Gott verbinden willst, dann liebe dich selbst. Bringe dir jetzt, in diesem Augenblick, Mitgefühl entgegen. Wenn du dich wieder mit dir selbst verbinden willst, dann liebe die Person, die vor dir steht. Während du einen anderen Menschen liebst, kannst du spüren, wie sich in deinem Herzen und in deinem Geist Mitgefühl und Akzeptanz für dich selbst regen.

Der Freund ist immer da. Du musst ihn/sie nur rufen.

Ich warte in deinem Herzen und in deinem Geist auf dein Erkennen. Indem du mich erkennst und anerkennst, öffnest du dein Herz für deinen Bruder oder deine Schwester. Indem du deinen Bruder oder deine Schwester liebst, streckst du die Hand nach mir aus.

Der Freund

Der Freund ist der Christus in dir. Es spielt keine Rolle, wie du ihn oder sie nennst. Der Freund ist derjenige, der für dich und für andere das Beste im Sinn hat. Der Freund ist frei von Urteilen, er akzeptiert dich und alle anderen Menschen bedingungslos. Er lebt in jedem Geist und in jedem Herzen. Er verkörpert die Essenz. Er ist die Stimme Gottes in deiner Erfahrungswelt.

Manche Menschen nennen den Freund Christus. Manche nennen ihn Buddha, Krishna oder Rama. Namen spielen keine Rolle. Er ist die Verkörperung der Liebe und hat viele Namen und Gesichter.

Gott und der Freund sind immer eins. Wenn du auf den inneren Freund zugehst, hört Gott deine Schritte.

Am Anfang

Am Anfang war Gott, ursprüngliche Präsenz/Absicht, unteilbare und grenzenlose Liebe. Durch den Schöpfungsakt brachte Gott seine Essenz auf viele verschiedene Weisen zum Ausdruck. So verkörperte sich die Liebe in den unterschiedlichsten Formen und aus der Einheit ging die Vielfalt hervor.

Jeder aus der Liebe geborenen Form wohnt der Funke der Liebe inne. In jedem der unzähligen Dinge bleibt die ursprüngliche Essenz erhalten. Deshalb ist dieser ursprüngliche Funke der Schöpfung auch jetzt in deinem Geist und in deinem Herzen präsent. Er gehört dir und kann niemals verschwinden. Wohin dein Leben dich auch führt, wie weit du auch vom Weg abkommen magst, du kannst den göttlichen Funken in deinem Bewusstsein nicht auslöschen. Er war und ist Gottes Geschenk an dich.

Du kannst das Geschenk vergessen, aber du kannst es nicht zurückgeben. Du kannst es ignorieren oder ablehnen, aber du kannst es nicht rückgängig machen. Je tiefer die Dunkelheit ist, die du durchquerst, desto heller wird der winzige Funken. Er leuchtet für dich wie ein Signal und erinnert dich an dein ursprüngliches Wesen und deine Herkunft.

Wenn du diese kleine Flamme in dir nährst, wird sie größer. Je mehr Aufmerksamkeit du ihr schenkst, desto mehr Licht breitet sich in dir aus. Und bald scheint dein ganzes Wesen von Licht umgeben zu sein. Selbst völlig fremde Menschen fühlen sich von den Strahlen deiner Liebe berührt. Indem du diesen Funken in dir anerkennst und ihm Aufmerksamkeit schenkst, begibst du dich auf den spirituellen Weg. Das ist der Augenblick, in dem du aufhörst, ein Opfer zu sein, und die volle Verantwortung für dein Leben übernimmst. Der spirituelle Weg nähert sich dem Ziel, wenn dir deine Göttlichkeit und die Göttlichkeit aller anderen Wesen voll bewusst wird. Dann wirst auch du zum Freund, zum Christus, zum Buddha. Dann bist du der oder die Mitfühlende.

Die Flamme nähren

Du kannst den Funken nur entdecken, wenn du danach suchst. Du musst dich bewusst darum bemühen. Wenn du auf Ereignisse und Menschen nur reagierst, wirst du den Funken nie bemerken. Dann siehst du nur die Dunkelheit.

Um den Funken sehen zu können, musst du verstehen, dass du nicht von dem bestimmt wirst, was außerhalb von dir geschieht. Du musst dich zwar damit auseinandersetzen, aber du bist immer frei und kannst kreativ darauf antworten. Kreativ antworten bedeutet, Entscheidungen aus einer Position der Stärke heraus zu treffen, aus dem Bewusstsein heraus, dass man eine ganze Reihe von Wahlmöglichkeiten hat. Wenn du dich vom Leben angegriffen fühlst, kannst du nicht kreativ darauf antworten. Denn auf vermeintliche Angriffe reagierst du mit einer Verteidigungshaltung. Opfer sehen immer nur wenige Möglichkeiten, sie handeln nicht aus einer Position der Stärke heraus.

Bist du jedoch in Kontakt mit dem inneren Licht, dann ist alles, was du tust, von diesem Licht, diesem Bewusstsein erhellt. Dein Handeln basiert dann auf der Erkenntnis, dass Gottes Liebe und Weisheit in dir wohnen. Du weißt, dass du nie von Gott verlassen werden kannst, wie immer die äußere Realität sich dir auch zeigen mag.

Natürlich gibt es Dinge, die deine Angst wachrufen können. Du kannst das innere Licht vergessen und nur noch die Dunkelheit sehen. Du kannst dich von anderen angegriffen und zurückgewiesen fühlen. Ja, du kannst dich sogar von Gott angegriffen und zurückgewiesen fühlen. Aber das geschieht nur, weil du deinen Blick vom Licht abgewendet hast, anstatt ihn auf es zu richten. Du wendest deinen Blick von Gott ab, anstatt zu Ihm hinzuschauen. Ist es da ein Wunder, dass du dich verlassen oder verraten fühlst?

Wenn du außerhalb von dir nach Beweisen dafür suchst, dass Gott dich liebt, wirst du viel Grund zum Zweifeln haben. Manchmal scheint Gott dich zu bevorzugen und manchmal scheint Er völlig vergessen zu haben, dass du überhaupt existierst. Doch vergiss nicht: Wenn du außerhalb von dir suchst, wirst du Gott nicht finden, denn Gott ist nicht dort draußen. Gott ist im Innern. Gott ist nicht in den äußeren Erscheinungen deines Lebens, das ist nur der Schleier. Um die Wahrheit sehen zu können, musst du den Schleier lüften. Gott ist in der Wahrheit dessen, was du bist. Gott ist nicht im Temporären, sich Verändernden, Unbeständigen zu finden. Gott ist ewig, unveränderlich und beständig, weil Gott Liebe ist und nie aufhört, Liebe zu sein.

Wenn du nicht nach innen schaust, kann es sein, dass du dein ganzes Leben zu Ende lebst, ohne jemals zu wissen, dass Gott existiert. Du kannst denken, dass das Leben dir übel mitgespielt hat. Du kannst bitter werden, voller Groll und Wut. Aber das ist nicht zu ändern, wenn du weiterhin darauf bestehst, außerhalb von dir nach Bestätigung und Wertschätzung zu suchen. Eine Kehrtwendung ist notwendig. Du musst dich dorthin wenden, wo Gott wohnt. Du musst in dein eigenes Herz schauen. Du musst den Raum in dir finden, in dem bedingungslose Liebe herrscht.

Das kann dir allerdings nicht gelingen, solange du andere beschuldigst oder an altem Groll festhältst. Denn dann schaust du immer noch nach außen. Es gelingt dir auch nicht, wenn du dich schuldig fühlst und dich selbst für deine Fehler niedermachst. Damit hängst du den Schleier lediglich auf die andere Seite. Du musst ihn ganz und gar entfernen. Das Urteilen muss ganz und gar aufhören. Du musst dein ganzes „Wissen" dreingeben. Du musst dich innerlich leer machen und mit offenen Armen auf Gott zugehen.

Wenn du in den Raum des Herzens gelangen willst, musst du deine Urteile, Interpretationen und fixen Ideen vor der Tür zurücklassen. Du musst diesen Raum vorsichtig und sanft, offen und vertrauensvoll betreten. Du kannst nur in diesen Raum gelangen, wenn du bereit bist, dir selbst und anderen zu vergeben, auch wenn diese Bereitschaft lediglich für einen Moment da zu sein scheint. Mehr braucht Gott ohnehin nicht ... Nur einen Moment deiner Zeit und Aufmerksamkeit ... Nur einen Augenblick, in dem du deinen Widerstand aufgibst und dich für die Präsenz der Liebe öffnest. Es spielt keine Rolle, dass du in der Vergangenheit geurteilt hast und in Zukunft wieder urteilen wirst. Was zählt ist nur, dass du jetzt, in diesem Augenblick bereit bist, deine Urteile fallen zu lassen.

Der brennende Busch und der unerschöpfliche Brunnen

Wenn du weißt, dass die Quelle der Liebe in deinem eigenen Innern sprudelt, kannst du deine Sorgen vergessen und den inneren Tempel betreten, um dich auszuruhen und zu erfrischen. Die Liebe wird in deinem Herzen geboren. Dein Herz ist der unerschöpfliche Brunnen, aus dem du so oft Wasser schöpfen kannst, wie du willst und brauchst. Jedes Mal, wenn du zum Brunnen kommst, trinkst du vom Wasser des Lebens. Dein spiritueller Durst wird gestillt. Deine Sünden werden vergeben. Du wirst getauft, geheilt und erneuert.

Wann immer sich das Leben dir anders präsentiert, als du es erwartet hast, wann immer deine Probleme dich zu überwältigen scheinen, gibt es nur einen Ort, an dem du Ruhe finden kannst. Du musst dir angewöhnen, regelmäßig dorthin zu pilgern. Suche nicht außerhalb von dir nach Antworten. Suche keine Zuflucht in den Vorstellungen, Meinungen und Ratschlägen anderer Menschen. Aber versuche auch nicht, die Antworten in deinem Kopf zu finden. Lass all das los und suche den Ort auf, an dem die Liebe entspringt – dein eigenes Herz. Es liegt in deiner Verantwortung, dich mit der Quelle der Liebe zu verbinden, wenn du es nötig hast. Kein anderer Mensch kann das für dich tun.

Es spielt keine Rolle, welche spirituelle Praxis du ausübst, solange sie dich in dein Herz bringt und dir hilft, dich mit der Quelle der Liebe zu verbinden. Wenn das der Fall ist, kann sie dich durch alle Höhen und Tiefen deines

Lebens führen. Dann solltest du an ihr festhalten, denn sie ist dein roter Faden. Wenn ein unerwarteter Sturm heraufzieht, hilft sie dir, dein Schiff auf Kurs zu halten. Ganz allmählich bringt sie dich nach Hause.

Wenn du dem Funken in deinem Herzen Aufmerksamkeit schenkst, wird er zu einer steten Flamme. Und wenn du diese Flamme durch liebevolles Verhalten dir selbst und anderen gegenüber nährst, wird sie zu einem lodernden Feuer, einer Quelle der Wärme und des Lichts für alle, die dir begegnen. Als Moses den brennenden Busch sah, wusste er, dass Gott sich ihm offenbarte. Er wusste allerdings nicht, dass dieser Busch nicht in der Außenwelt loderte, sondern im Herzen.

Ich bin der Weg

Ich bin nicht deshalb der Weg, weil ich etwas Besonderes bin, sondern, weil ich mich mit der Liebe verbunden habe, mit der Essenz meines Wesens. Das kannst du auch tun. Ich bitte dich nicht, meinem Beispiel zu folgen, damit du mich anbetest oder auf ein Podest stellst, sondern weil ich will, dass du erkennst, was für dich möglich ist. Ich bin der Mentor, das Vorbild. Ich verkünde die Wahrheit nicht nur, ich verkörpere sie auch.

Als ich sagte „Ich bin der Weg", wollte ich, dass du über das bloße Hören meiner Worte hinausgehst. Ich wollte, dass du erkennst, wie das Wort Fleisch geworden ist, wie das, was ich gelehrt habe, sich in meinem Leben manifestiert hat. Ich wollte dir die Augen dafür öffnen, dass ich dir eine lebendige Lehre bringe und nicht nur abstrakte Glaubenssätze. Ich wollte dir die Erkenntnis vermitteln, dass mir zu folgen nicht nur bedeutet, meine Worte zu predigen. Es bedeutet auch, meinem Beispiel zu folgen.

Es ist nichts Besonderes an mir und an meinen Taten. Wenn du darauf bestehst, mich „Herr" zu nennen, dann tu das nicht aus Neid oder einem Minderwertigkeitsgefühl heraus, sondern in dem Bewusstsein, dass der „Herr", den du in mir siehst, auch in dir ist. Wenn du mich Rabbi nennst, so tu das, weil du erkennst, dass jenes Licht, das in dir ist, in meiner Gegenwart manifest wird. Die göttliche Kraft wohnt nicht getrennt in mir oder in dir, sie wohnt vielmehr in dem, was wir gemeinsam erfahren, wenn unsere Herzen offen sind.

Liebe deinen Nächsten wie dich selbst

Ich habe dich gebeten, mich als deinen Bruder zu betrachten, weil wir absolut gleich sind. Und aus demselben Grund habe ich dich gebeten, andere Menschen als deine Brüder und Schwestern zu betrachten.

Sobald auch nur die geringste Vorstellung von Ungleichheit zwischen uns steht, haben wir den Raum des Herzens verlassen. Wir haben uns von der Wahrheit entfernt. Wir sollten nicht versuchen, unsere trennenden Gedanken oder Handlungen zu rechtfertigen, sondern einräumen, dass wir nicht im rechten Bewusstsein weilten und zum Bewusstsein gegenseitiger Annahme zurückkehren. Hören wir auf, Gedanken zu denken und Handlungen zu begehen, die uns selbst und andere nicht gleichermaßen würdigen.

Ich habe dir oft gesagt, dass das Gute in dir dasselbe ist wie das Gute in deinem Bruder oder in deiner Schwester. Du kannst dein Leben nicht besser machen, indem du einen anderen Menschen verletzt, noch kannst du einem anderen helfen, indem du dich selbst verletzt. Alle Versuche, diese einfache Gleichung über den Haufen zu werfen, führen zu Leid und Verzweiflung.

Wenn du willst, dass es dir gut geht, dann liebe deinen Nächsten. Respektiere seinen oder ihren Wunsch, glücklich zu sein, genauso wie deinen eigenen. Indem du ihn oder sie achtest, achtest du das Göttliche in dir selbst und stärkst deine Liebe und dein Vertrauen.

Liebe sogar deine Feinde

Selbst deine Gegner verdienen deine Liebe und deinen Segen. Auch sie sind dir absolut gleich. Du kannst nicht mich lieben und sie hassen. Wenn du sie hasst, bringst du mir denselben Hass entgegen.

Keiner von diesen Brüdern oder Schwestern ist meiner Liebe nicht würdig. Andernfalls wäre mein Erwachen nicht vollständig. Deshalb habe ich dir gesagt, dass das Gesetz der Gleichheit keine Ausnahmen zulässt. Wenn du auch nur eine meiner Schwestern oder einen meiner Brüder verdammst oder ihnen meine Liebe versagst, folgst du weder meiner Lehre noch meinem Beispiel.

Halte auch die andere Wange hin

Ich habe dir den Rat gegeben nicht zurückzuschlagen, wenn dich jemand angreift, sondern statt dessen noch die andere Wange hinzuhalten. Das bedeutet nicht, dass du den Angriff entschuldigst oder der anderen Person die Erlaubnis gibst, dich weiter zu attackieren. Im Gegenteil, indem du die andere Wange hinhältst, lädst du deinen Bruder oder deine Schwester ein, sich anders zu verhalten.

Du hältst nicht an der Vergangenheit fest und nimmst sie auch nicht zum Vorwand, um deinen Bruder oder deine Schwester in diesem Augenblick zu verurteilen. Du lässt die Möglichkeit offen, dass er oder sie in diesem Augenblick eine andere Wahl trifft. Wenn du verstehst, dass jeder Angriff ein Schrei nach Liebe ist, wird dir klar, dass deine Reaktion auf einen Angriff diesen Angriff völlig transformieren kann.

Jemand greift dich aufgrund seiner Angst und seines Gefühls der Wertlosigkeit an und du antwortest mit der Liebe, die diese Person, wie du weißt, braucht. Das gibt diesem Menschen eine Wahlmöglichkeit, die er zuvor nicht sehen konnte.

Andere Menschen werden dich angreifen. Das ist die Realität. Und du wirst sie angreifen. Aus den gleichen Gründen. Keiner von euch hat das Gefühl, Liebe verdient zu haben, und ihr lebt in der irrigen Meinung, dass die andere Person euch den Zugang zur Liebe verwehrt. Aber in Wirklichkeit ist die andere Person das Tor zu jener Liebe, die du dir wünschst. Dein Feind ist in Wirklichkeit dein Verbündeter. Indem du deinem Feind Liebe entgegenbringst, schließt du Frieden mit dir selbst.

Wenn jemand auf deinen Angriff mit Akzeptanz, Mitgefühl und Liebe reagiert, kannst du ihn nicht ein zweites Mal angreifen, oder? Wenn er auf den Angriff nicht reagiert und nichts anderes will, als dass du siehst, wer er wirklich ist, wie könntest du dich da weigern hinzuschauen?

Wir greifen einander nur an, weil wir das Objekt unseres Angriffs entmenschlichen. Wir machen diese Person zu „weniger als wir sind". Auf diese Weise rechtfertigen wir unseren Angriff. Aber die Rechtfertigung stimmt nie, weil sie das Gesetz der Gleichheit verletzt. Wir haben nie das Recht, einen anderen Menschen anzugreifen.

Auch wenn du die gegen dich gerichteten Handlungen einer anderen Person nicht akzeptierst, solltest du diese Person nicht aus deinem Herzen verbannen. Gib ihr die Chance, es anders zu machen. Unterstütze diese Entscheidung, indem du ihr die Liebe und den Respekt entgegenbringst, die sie dazu anregen werden, in Zukunft liebevoller und verantwortungsvoller zu handeln.

Die andere Wange hinzuhalten hat nichts mit der Weigerung zu tun, sich Ungerechtigkeiten entgegenzustellen. Ganz im Gegenteil. Ich mache dir Mut, dich der Ungerechtigkeit zu widersetzen, wo immer sie dir begegnet. Mache auf Verhaltensweisen aufmerksam, die dir oder anderen gegenüber lieblos, verletzend und respektlos sind, aber tu es auf liebevolle Weise. Tu es auf eine Weise, die deutlich macht, dass du die Menschen achtest, ihr Handeln aber nicht gut heißt. Denn auch sie sind deine Brüder und Schwestern.

Ihr solltet euch grundsätzlich mit einer von gegenseitigem Respekt getragenen Einstellung begegnen. Was immer du auch gegen andere vorzubringen hast, sie bleiben dir ebenbürtig. Ihre Meinungen, Überzeugungen, Werte, Vorlieben oder Abneigungen sind ebenso wichtig wie deine eigenen. Respektiere sie und bitte ebenfalls darum, respektiert zu werden. Das ist dein Geburtsrecht.

Unschuld und Schuld

Der Teil von dir, der andere verurteilt, ist derjenige, der sich wertlos fühlt. Wärest du von deinem eigenen Wert überzeugt, würdest du andere weder verurteilen noch angreifen. Du würdest den Schmerz hinter ihrer Feindseligkeit sehen und Mitgefühl für sie empfinden.

Wenn du dir deiner eigenen Unschuld gewiss bist, dann weißt du, dass niemand dich in deinem Wert schmälern kann, wie schrecklich er sich dir gegenüber auch verhalten mag. Du weißt im tiefsten Innern, dass du liebenswert bist. Nichts, was um dich herum geschieht, kann diese innere Überzeugung ins Wanken bringen. Deshalb konnte ich denen, die mich gekreuzigt haben, mit Mitgefühl begegnen. Als ich sagte „Vater, vergib ihnen, denn sie wissen nicht, was sie tun", war das die absolute Wahrheit. Sie wussten es wirklich nicht.

Der Henker sieht die Wertlosigkeit seines Opfers, aber er kann sein eigenes Gefühl der Wertlosigkeit nicht wahrnehmen, denn das würde seine Egostruktur, seine unechte Stärke bedrohen und seinen Pakt mit dem schreienden Mob in Frage stellen. Sein eigenes Gefühl der Wertlosigkeit zu spüren würde ihn in Verzweiflung stürzen. Ist es da ein Wunder, dass die meisten Menschen der Konfrontation mit dem eigenen Schatten aus dem Weg gehen und ihn statt dessen auf andere projizieren? Es ist immer leichter, andere anzuklagen und anzugreifen, als sich die eigenen Ängste und Fehler einzugestehen. Es ist immer leichter, den Feind in der Außenwelt auszumachen, als sich mit dem Feind im Innern zu konfrontieren.

Es ist sehr viel schwieriger, die abgespaltenen oder verleugneten Aspekte des Selbst ins Bewusstsein zu holen, die Teile von uns selbst anzunehmen und zu lieben, die wir verurteilen, hassen oder deretwegen wir uns schuldig fühlen.

Doch die Wahrheit ist, dass wir uns nicht auf dem spirituellen Weg bewegen, solange wir nicht bereit sind, die Verantwortung für die Heilung unserer eigenen Psyche zu übernehmen. Spiritualität entfaltet sich von innen nach außen. Sie entfaltet sich, indem wir lernen, uns auf einer immer tieferen Ebene zu lieben und zu akzeptieren. Solange wir versuchen, uns zu ändern oder irgendetwas außerhalb von uns „in Ordnung zu bringen", fahren wir fort, unseren Schmerz und unser Schuldgefühl zu verbergen. Die spirituellen Glaubenssätze, zu denen wir uns bekennen, sind wie ein Pflaster, das eine eiternde Wunde bedeckt. Es ist nur eine Frage der Zeit, bis wir nicht mehr umhin kommen, die Wunde zu versorgen.

Wiedergeboren
in die Göttliche Gnade

In dem Augenblick, in dem wir ganz unten angelangt sind und unserer Selbstverurteilung und Angst ins Auge blicken, kann unser Aufstieg beginnen. Die ersten Schritte auf dem Weg zur Ganzheit machen wir, wenn wir aufhören, uns wie ein Opfer zu verhalten und andere für unseren Schmerz verantwortlich zu machen, wenn wir wissen, dass unsere Heilung sehr wenig mit irgendjemand anderem zu tun hat. Sie hat hauptsächlich mit unserer Beziehung zu uns selbst zu tun.

Wir fangen an, uns der Liebe hinzugeben, wenn wir bereit werden, unseren Schmerz zu fühlen und durch ihn hindurch zu gehen. Wir werden verletzlich, zugänglich, bereit, da zu sein und zu fühlen, was immer wir fühlen. Unsere Herzen fangen an, sich zu öffnen.

Im Geiste wiedergeboren zu werden bedeutet, dass wir endlich jenseits aller Zweifel wissen, dass unsere Verantwortung darin besteht, uns selbst und andere zu lieben und zu achten. Dann sind Liebe und Vergebung keine abstrakten Konzepte mehr, sondern werden zu unserer Lebensweise. Wir sind bereit, andere als gleichwertig zu betrachten, sie entsprechend zu behandeln und ihr Wohlergehen genauso wichtig zu nehmen wie unser eigenes.

Wiedergeboren zu werden bedeutet zu begreifen, dass Gott uns nie verlassen wird. Wir haben uns in unserem Schmerz, unserer Angst, unseren Gefühlen der Schuld und Wertlosigkeit von Gott abgewandt. Im Grunde haben wir uns selbst verlassen. Durch unseren „Sündenfall" haben wir uns von unserem inneren Licht entfernt. Wir erschaffen uns selbst nach unserem eigenen Bild, anstatt zu verstehen, dass wir eine Spiegelung des Göttlichen sind. Wir verlassen uns auf unser Ego, um unsere vermeintlichen Bedürfnisse zu erfüllen, und erfahren das Leben ohne die Führung durch das innere Licht als Mühe und Kampf. Selbst einfache Aufgaben werden zu Problemen.

Gnade kommt nicht von außen, sondern von innen. Wir erfahren sie, indem wir uns innerlich auf die spirituelle Ebene einstimmen. Wenn wir mit allen Teilen unserer Persönlichkeit in ständigem Dialog stehen, lernen wir, uns selbst vollständiger anzunehmen und wertzuschätzen. Wir lassen uns nicht auf Aktivitäten ein, zu denen wir ein zwiespältiges Gefühl haben. Wir lernen, genauer auf uns selbst zu hören, auf alle unsere Wesensanteile, so dass wir integer handeln können.

Weil wir erst handeln, wenn wir innere Klarheit gewonnen haben, wirkt unser Handeln in der Außenwelt harmonisierend, anstatt Konflikte hervorzurufen. Ruhe kehrt in unser Leben ein und wir haben das Gefühl, mehr Raum zu haben. Wir stehen weniger unter Druck und sind weniger angespannt. Wir tun weniger, aber was wir tun, ist viel effektiver als alles, was wir unter Druck getan haben, als wir unsere Entscheidungen noch fällten, bevor wir wirklich dazu bereit waren.

Wenn wir uns selbst achten, achten wir auch andere. Wir senden eindeutige Botschaften aus und machen keine Versprechungen, die wir nicht halten können.

All das ist nicht möglich, wenn wir uns weigern, uns mit unseren Ängsten zu konfrontieren. Aus der Verleugnung unseres Schattens kann keine Gnade kommen. Sie kann uns nicht zuteil werden, wenn wir dem Leben Widerstand entgegensetzen oder wenn wir jene Anteile unseres Selbst verdrängen, die wir nicht wahrhaben wollen. Gnade kommt aus der Integration von Licht und Schatten, aus der inneren Hochzeit des Männlichen und des Weiblichen, aus der Verbindung von Herz und Geist, von verletztem Kind und Erwachsenem. Gnade ist die Bewegung von innerer Ganzheit hin zu äußerer Ganzheit. Sünde oder Karma ist die Bewegung von innerem Konflikt hin zu äußerem Konflikt. Wenn der spirituelle Erwachsene sich mit dem verletzten Kind versöhnt, lösen sich karmische Verstrickungen auf, weil keine innere Spaltung mehr besteht.

Jegliche Heilung geschieht so: Wenn die Illusionen aufgegeben werden, wird die Wahrheit sichtbar. Wenn die Trennung aufgehoben wird, zeigt sich die ursprüngliche Einheit, wie sie immer war. Und wenn wir nicht länger vorgeben, etwas zu sein, das wir nicht sind, kann das, was wir sind, deutlich zum Vorschein kommen.

Die zweite Geburt besteht im Loslassen von allem, was falsch ist (unechten Persönlichkeitsanteilen), sodass wir in Kontakt mit unserem wahren spirituellen Wesen kommen können. Weil wir unsere Vorurteile und Konditionierungen loslassen, können wir ohne Bedingungen leben.

Wir erfahren Gnade, wenn wir mit dem sein können, was ist. Sobald wir versuchen, es wegzuschieben oder mit etwas anderem zu kaschieren, befinden wir uns im Kampf. Wenn wir jedoch akzeptieren, was ist, befinden wir uns im Zustand der Gnade. Kampf entsteht, wenn wir das, was ist, zurückweisen oder versuchen, es „in Ordnung zu bringen". Gnade ist ein natürlicher Zustand, Kampf ein unnatürlicher. Gnade ergibt sich mühelos, Kampf ist Mühe und Anstrengung.

Gnade ist „mit Gott", Kampf ist „ohne Gott". Wir haben beides ausprobiert und die Resultate beider Wege gesehen. Es besteht kein Zweifel darüber, welcher Weg sich besser anfühlt. Und dennoch verwechseln wir sie noch häufig. Wir verwechseln die Stimme des Egos mit der Stimme des Geistes. Wir stehen uns selbst im Weg.

Und wenn wir uns selbst im Weg stehen, leiden wir. Wir wissen, dass wir nicht am richtigen Platz sind. Dann müssen wir unseren Fehler einsehen und aus dem Weg gehen. So werden wir zu einem durchlässigen Kanal, zu einem bereitwilligen Instrument für das Göttliche und Gnade durchströmt uns. Dann kann sich Gottes Wille in unserem Leben zum Ausdruck bringen. Dafür werden wir nicht geehrt, aber wir spüren die Energie der Liebe, die durch uns hindurchfließt.

Am Ende müssen wir entscheiden, was uns wichtiger ist. Wollen wir Anerkennung von außen, wollen wir eine Bestätigung unseres Egos oder wollen wir Annahme und Liebe? Durch ersteres erlangen wir Bedeutung in der Welt. Letzteres hilft uns, demütig zu bleiben und ebenbürtige Beziehungen einzugehen.

Kreuzigung und Aufstehung

Wir glauben, dass wir in alle Ewigkeit für das verdammt werden, was wir getan haben. Wir glauben, dass Gott ein Rächer ist, der uns für unsere Fehler bestraft. Aber das ist nicht der Gott, den ich kenne, sondern ein Gott, den die Menschen sich aufgrund ihrer Angst und ihrer Schuldgefühle selbst erschaffen haben.

Der Gott, den ich kenne und dem ich diene, zeigt uns, wie wir aus unseren Fehlern lernen können. Der Gott, den ich kenne, vergibt und ermutigt uns, an denen, die wir verletzt haben, liebevoll Wiedergutmachung zu leisten. Ihr glaubt, dass ich für eure Sünden gestorben bin. Das ist ein völlig falsches Verständnis meines Lebens und meiner Lehre. Ich kam, um zu lehren, dass keine Sünde unverzeihlich ist, dass jedes Wesen Liebe verdient hat – auch diejenigen, die in ihrer Angst und in ihrem Schmerz andere angreifen. Ich bin nicht gestorben, um euch von euren Sünden zu erlösen, aber auch nicht, um euch dafür zu verdammen, dass ihr mich gekreuzigt habt. Ich starb, weil ihr euch in mir nicht wiedererkennen konntet.

Du, mein Freund, wirst aus dem gleichen Grunde sterben. Selbst jetzt erkennst du mich – den Gesalbten – nicht in dir selbst wieder. Meine Auferstehung ist nur ein Symbol und eine Verheißung dieses Wiedererkennens. Es spielt keine Rolle, ob ich meinen physischen Körper mit ins Licht genommen habe oder nicht. Im völligen Wiedererkennen des Lichts werden Körper unwichtig. Wenn Liebe da ist, ist es nicht mehr nötig zu wissen, auf welche Weise wir uns voneinander unterscheiden.

Bei unserer Auferstehung ins Licht werden Leben und Tod zu einer Einheit. Wahres Leben ist der Tod oder das Verlöschen all dessen, was uns von der Liebe trennt oder uns daran hindert, sie zu verkörpern.

Ich will hier nicht esoterisch werden oder die Dinge unnötig kompliziert darstellen. Es genügt zu sagen, dass ich nicht der einzige bin, der gekreuzigt wurde, und ich bin auch nicht der einzige, der aus dem Gefängnis des Schmerzes aufersteht. Mein Passionsspiel ist nur ein Sinnbild für dein eigenes.

Segen oder Fluch

Was wirklich zählt, ist deine Absicht. Beabsichtigst du, zu segnen oder zu verdammen, zu akzeptieren oder zu kritisieren? Wenn es deine Absicht ist, zu segnen und zu akzeptieren, wirst du wahrscheinlich selten Fehler machen. Und wenn du einen Fehler machst, wirst du ihn zugeben und versuchen, daraus zu lernen.

Jeder Moment ist ganz neu und unberührt. Es spielt keine Rolle, was gestern oder letztes Jahr geschah. Ja, es spielt noch nicht einmal eine Rolle, was gerade eben geschah. Jetzt in diesem Augenblick hast du eine neue Chance und kannst eine neue Wahl treffen.

Was ist deine Absicht in diesem Augenblick? Willst du segnen oder verdammen? Hat dich das, was gerade eben oder vor Jahren geschah, so verletzt, dass du jetzt darauf bestehst, an deinem Groll festzuhalten? Hast du die Vergangenheit losgelassen oder klammerst du dich noch immer daran?

Wenn du beabsichtigst zu segnen, kannst du nicht an der Vergangenheit festhalten. Du musst sie loslassen, um für diesen Augenblick offen zu sein. Wie kannst du diesen Augenblick annehmen, wenn du nicht offen für ihn bist? Wie kannst du kooperieren und deinen Segen geben? Du kannst es nicht, wenn dein Herz und dein Geist verschlossen sind. Dann kannst du nur verurteilen, beschuldigen, anklagen oder verdammen. Frage dich also, was deine Absicht ist. Bist du hier, um zu segnen oder um zu verurteilen? Und wenn du urteilen willst, dann sei dir dessen bewusst. Sei dir einfach bewusst: „Ich trage noch immer eine alte Verletzung, eine alte Wunde mit mir herum. Ich bin noch nicht bereit zu segnen."

Lass einfach das Bewusstsein da sein, dass du noch nicht bereit bist zu verzeihen. Erkenne, dass alles, was du in diesem Augenblick sagst oder tust, ein Urteil oder ein Angriff sein wird, denn du bist nicht bereit zu segnen. In diesem Moment kannst du nur eins tun, nämlich mit deiner Angst, deiner Verletzung, deiner Wut, deinem Urteil *sein*.

Gib zu: „In diesem Moment kann ich nur mit meiner Angst sein, weil ich noch nicht bereit bin zu segnen." Das ist die Wahrheit des gegenwärtigen Augenblicks. So wird kein Schaden angerichtet. Es entsteht kein Schaden, wenn du darauf verzichtest, zu reden oder zu handeln, während du wütend oder aufgewühlt bist. Du bist einfach nur in deinem eigenen Schmerz und deinem Gefühl des Getrenntseins präsent.

Wenn du auf diese Weise mit dir selbst sein kannst, lädst du die Liebe ein. Und je mehr Liebe hereinströmt, desto mehr akzeptierst und segnest du dich selbst und deine Erfahrung. Dann dauert es nicht mehr lange, bis du bereit sein wirst, diesen Segen auch auf andere auszudehnen.

Wessen Aufgabe ist es, diese Momente des Getrenntseins, in denen du dich von anderen Menschen oder von Gott abgeschnitten fühlst, zu bewältigen? Ist es nicht deine Aufgabe? Wie kannst du jemand anderen dafür verantwortlich machen?

Du fragst dich also „Will ich segnen oder verdammen?" – und wirst dir deiner Absicht bewusst. Ist es deine Absicht zu segnen, dann weißt du, dass deine Worte und Taten hilfreich sein werden. Beabsichtigst du jedoch, nicht zu segnen, dann weißt du, dass nichts, was du im Augenblick sagst oder tust, hilfreich sein kann.

Unser spirituelles Ziel besteht darin, zu wissen, dass hinter allem, was wir denken, fühlen oder tun, die Liebe steht. Dann ist es ein liebevoller Gedanke, ein liebevolles Gefühl, eine liebevolle Tat. Wir werden zu Instrumenten der Liebe und des Verstehens in dieser Welt. Wenn unsere Gedanken, Gefühle und Handlungen jedoch nicht aus der Liebe kommen, säen wir die Samen des Konflikts.

Wenn wir inneren Frieden empfinden, verursachen wir keine Konflikte, sondern dehnen diesen Frieden auf unser Umfeld aus. Wenn wir innerlich klar sind, stiften wir keine Verwirrung. Wir dehnen unsere Klarheit auf unser Umfeld aus.

Was in uns ist, drückt sich außerhalb von uns aus. Das ist das Gesetz der Manifestation. Wenn wir uns andere Ergebnisse in der Außenwelt wünschen, müssen wir darauf achten, welche Ernte wir im Inneren einbringen. Ein Leben in Liebe setzt achtsames Wahrnehmen unserer Absicht voraus – in jedem Augenblick.

Indem wir darauf verzichten, zu sprechen oder zu handeln, wenn wir noch nicht bereit sind zu segnen, unterbrechen wir den karmischen Fluss. Solange wir im stillen Gewahrsein unseres eigenen inneren Zustands verweilen, wird sich im Außen nichts manifestieren. Wenn wir das tun, übernehmen wir Verantwortung für den Inhalt unseres Bewusstseins und projizieren unser Unbehagen nicht auf andere.

Wenn andere ihren Schmerz auf uns projizieren, wenn sie uns für diesen Schmerz oder dieses Unbehagen verantwortlich machen, müssen wir darauf achten, dass wir nicht auf ihre Anklagen reagieren. Denn wenn wir reagieren, sind auch wir nicht mehr im rechten Bewusstsein.

Es ist wichtig, den Schrei einer anderen Person nach Aufmerksamkeit oder Liebe mitfühlend zu hören, denn wenn wir mit Mitgefühl hören, fühlen wir uns selbst dann nicht angegriffen, wenn die andere Person uns beschuldigt. Wir fühlen uns einfach in diese Person ein und versuchen zu erkennen, wie viel Schmerz sie empfindet und wie schwer es ihr fällt, sich mit diesem Schmerz auseinanderzusetzen. Wir akzeptieren die Schuldzuweisung dieser Person nicht, aber wir versuchen auch nicht, uns zu verteidigen. Dieser Mensch hat einfach eine falsche Vorstellung von uns. Wir wissen das. Und wir stehen fest und liebevoll zu unserer Wahrheit.

Wenn unser Denken, Fühlen und Handeln von Liebe motiviert ist, können wir anderen Menschen zuhören, ohne zu urteilen. Wir verhalten uns empathisch und ermutigen sie, sich selbst zu achten. Weil wir uns nicht angegriffen fühlen, wenn andere Menschen uns ungerechtfertigt beschuldigen, weigern wir uns, eine Zielscheibe für ihre Projektionen zu sein. Wir heizen ihre Wut nicht mit unserer Wut an, ihren Schmerz nicht mit unserem Schmerz und ihr Gefühl der Wertlosigkeit nicht mit unserem eigenen. Wir spiegeln ihnen ihre Unschuld, indem wir uns weigern, irgend jemanden schuldig zu sprechen.

Indem wir nur dann sprechen und handeln, wenn wir fähig sind zu segnen, kann uns das schmerzliche Drama von gegenseitigem Angriff und Verrat nicht berühren. Wir achten uns selbst und andere von ganzem Herzen. Wellen von Illusionen werden über uns zusammenschlagen, aber wir stehen fest in unserer Wahrheit.

Halte an der Liebe fest

Wir stehen auf verschiedene Arten miteinander in Beziehung: als Kinder, Eltern, Geschwister, Freunde, Arbeitskollegen, Lehrer, Schüler. Die Form der Beziehung ist unbedeutend, wichtig ist allein die Liebe, die sich über die Form ausdrückt.

Beziehungen verändern unablässig ihre Form. Kinder wachsen heran und werden selbst zu Eltern, Eltern verlassen ihre Körper, um sich ins nächste Abenteuer zu begeben, Freunde ziehen an entfernte Orte, Liebespaare trennen sich und so weiter und so fort. Keine Form bleibt immer gleich. Das Wachstum geht immer weiter. Formen müssen kommen und gehen. Das ist die bittersüße Realität des Lebens. Wenn wir uns an die Form klammern oder die Liebe wegwerfen, nur weil die Form sich ändert, werden wir unnötig leiden. Die Herausforderung besteht darin, die Form loszulassen, aber an der Liebe festzuhalten.

Einen anderen Menschen zu lieben ist ein spiritueller Akt – völlig frei von Bedingungen. Wenn ich dich heute liebe, so ist mit dieser Liebe keine Einschränkung verbunden. Sie ist zeitlos und ewig. Wenn du meine Liebe in diesem Augenblick fühlst, brauchst du dir über den nächsten Moment keine Gedanken zu machen, weil die Liebe sich ganz natürlich ausdehnt. Sie fährt fort, sie selbst zu sein. Und wenn sie jetzt hier ist, wird sie immer da sein. Liebe verändert sich nicht. Sie nimmt verschiedene Formen an, aber sie selbst ist unveränderlich. Sie findet einfach nur eine neue Form, durch die sie sich ausdrücken kann.

Oft weisen wir die Liebe, die wir füreinander empfinden, zurück, wenn die Form sich ändert. Aber das ist nur eine weitere Form der Anhaftung. Wir sagen: „Ich muss auf diese ganz spezielle Weise Liebe bekommen, sonst will ich sie überhaupt nicht." Das ist kindisch. Wenn wir heranwachsen, fangen wir an zu begreifen, dass sich nicht immer alles so entwickeln kann, wie wir es wollen, besonders dann nicht, wenn andere Menschen beteiligt sind.

Wenn eine Person sich nicht länger an eine Vereinbarung halten will, ist die Vereinbarung aufgehoben. Man kann an einem anderen Menschen nicht gegen dessen Willen festhalten. Wenn man es dennoch tut, vertreibt man die Liebe. Die Liebe überdauert die Aufhebung einer Vereinbarung, wenn du es zulässt.

Liebe und Freiheit gehen Hand in Hand. Man kann die Liebe nicht in eine spezielle Form pressen. Sie muss sich von allen Formen, allen Bedingungen befreien, wenn sie voll und ganz aufblühen soll. Der Widerstand gegen diesen organischen Prozess errichtet trennende Mauern. Gewährst du der anderen Person die Freiheit zu sein, wer sie ist, wird sich die Form ganz von selbst entwickeln. Versuchst du, dem anderen diese Freiheit zu nehmen, wird die Form zu einem Gefängnis für euch beide.

Echte Beziehungen sind nur zwischen Menschen möglich, die einander als gleichwertig betrachten, zwischen Menschen, die sich gegenseitig schätzen und achten. Sie ergeben sich nur dann, wenn zwei Menschen im Hier und Jetzt füreinander präsent sind. Wenn jetzt Liebe da ist, brauchen wir keine Gedanken an die Zukunft zu verschwenden. Wir müssen nur dann an die Zukunft denken, wenn wir im gegenwärtigen Augenblick nicht ganz präsent sind.

Wenn wir jetzt in Harmonie miteinander sind, sind keine weiteren Pläne oder Vereinbarungen nötig. Wozu?

Wenn vollkommenes Vertrauen da ist, ist die Abwesenheit von Vertrauen eine abstrakte, irrelevante Vorstellung. Wo es an Liebe mangelt, verlangen wir nach Garantien. Ist Liebe da, sind Garantien überflüssig.

Alles entfaltet sich jetzt, in diesem Moment. Die Schöpfung findet jetzt statt. Das Alpha und das Omega der Existenz sind in diesem Augenblick gegenwärtig. Es wird nie mehr Liebe da sein, als hier und jetzt möglich ist.

Hast du das gehört? Die größte Liebe, die wir erfahren können, erfahren wir *hier und jetzt*. Wir können sie weder in der Vergangenheit noch in der Zukunft erfahren. Das Festhalten an der Form hat immer mit Vergangenheit oder Zukunft zu tun, nie mit dem Hier und Jetzt. Wenn jetzt Liebe da ist, ist die Form unwichtig. Wenn ich dich jetzt liebe, spielt es keine Rolle, wie du aussiehst, was du sagst oder was du tust. Das einzige, was zählt, ist, dass ich dich liebe, dass ich dich akzeptiere, dass ich mich mit dir verbunden fühle. Und wenn du meine Liebe und Akzeptanz spürst, hast du die Freiheit, so zu sein, wie du in diesem Augenblick sein musst. Wenn du du selbst sein kannst, ohne dir Sorgen darüber machen zu müssen, dass du vielleicht meine Liebe verlierst oder unsere Verbindung gefährdest, kann sich dein spirituelles Wesen zeigen.

Wenn wir an der Liebe festhalten, werden wir zu ihrer Verkörperung. Die Formen mögen sich ändern, aber wir lieben einander weiterhin – durch all diese Veränderungen hindurch. Liebe und Freiheit sind untrennbar miteinander verbunden. Ich kann dich nicht lieben, wenn ich nicht die Wahl habe.

Alle Formen von Bindung sind nicht nur Angriffe auf die Freiheit, sondern auch auf die Liebe selbst. Denn Liebe kann nicht existieren, wo wir die Freiheit der Wahl verloren haben.

Die große Tragik der Liebe liegt nicht darin, dass wir vielleicht wählen, nicht zusammen zu sein. Das ist vielleicht traurig, aber nicht tragisch. Die wahre Tragik ist, dass wir vielleicht zusammenbleiben oder uns trennen, weil wir glauben, keine andere Wahl zu haben. Wenn Liebe da ist, muss auch die Freiheit da sein, eine Form zu wählen, die uns beiden zum Wohl gereicht. Um das möglich zu machen, müssen wir an unserer Liebe füreinander festhalten, die Form aber loslassen, wenn sie nicht länger unserem höchsten Wohl dient.

Das erfordert Mut. Wir müssen uns ein Herz fassen. Wir müssen Geduld aufbringen. Doch das ist das Wesen der Liebe. Und diejenigen, deren Liebe alle äußeren Umstände, alle Höhen und Tiefen des Lebens überdauert, sind unermesslich geduldig und mutig.

Schau deinen Ängsten ins Gesicht

Du weißt, dass es nicht schwer ist, für das präsent zu sein, was auf dich zukommt, wenn du bei dem bleibst, was du im Moment denkst und fühlst.

Doch sobald gegenwärtige Ereignisse oder Situationen alte Wunden berühren, fühlst du dich überwältigt. Wenn das geschieht, ist es wichtig zu erkennen, dass die Vergangenheit hochkommt, damit diese alten Wunden heilen können. Oft hat das, was du fühlst, weniger mit der äußeren Situation als mit dir selbst zu tun. Es ist deine Geschichte, dein Drama, deine Interpretation der Ereignisse. Indem du versuchst, dem anderen die Verantwortung dafür zu geben, verkomplizierst du die Beziehung zu diesem Menschen unnötigerweise.

Teile mit anderen, was in dir hochkommt, aber deute nicht einmal an, dass sie auf irgendeine Weise dafür verantwortlich wären. Deine Angst und dein Schmerz werden nicht von anderen Menschen verursacht. Es sind allein deine Bewusstseinsinhalte. Übernimm Verantwortung für das, was zu dir gehört. Nimm es an, betrachte es und lass es dann los. Lass zu, dass sich die Ängste der Vergangenheit in der Gegenwart auflösen. Erkenne ihre Existenz an, aber lass dich nicht von ihnen in Besitz nehmen. Die Dämonen der Vergangenheit werden dich für immer binden, wenn du es zulässt.

Gib der Vergangenheit keine Macht über deine Gegenwart. Lade die Vergangenheit ins Hier und Jetzt ein und konfrontiere dich ein für allemal direkt mit deinen Ängsten. Sobald du erkannt hast, worin deine Angst besteht, sobald du Verantwortung für sie übernommen und sie vor dir selbst und anderen eingestanden hast, hast du mit ihr abgeschlossen. Sollte sie dann noch einmal hochkommen, ist es einfach ein Wiedererkennen: „Oh, da bist du ja wieder. Was willst du denn von mir?" Dann lauschst du der Stimme deiner Angst, wie ein Vater oder eine Mutter einem ängstlichen Kind zuhört. Du verhältst dich diesem Kind gegenüber mitfühlend, aber du machst ihm ganz klar, dass diese Angst keine Substanz hat. So fühlt sich das Kind getröstet und sicher. Stell dir vor, was geschehen würde, wenn Mutter oder Vater sich von der Angst des Kindes erschrecken ließen. Dann könnte sich das Kind niemals sicher fühlen.

Du musst verstehen, dass es ängstliche, vielleicht sogar entsetzte Stimmen in dir gibt. Du kannst sie nicht ignorieren, sonst werden sie nach dir greifen und deine Aufmerksamkeit fordern, wenn du es am wenigsten erwartest. Du kannst es dir aber auch nicht leisten, diese Ängste zu nähren, sonst werden sie in dir Amok laufen. Nimm sie einfach wahr, erkenne ihre Existenz an und lass sie dann liebevoll los.

Als ich vierzig Tage lang in der Wüste war, hörte ich alle Stimmen der Angst, die du dir nur vorstellen kannst. Das waren keine außerhalb von mir existierenden Teufel, die gekommen waren, um mich in Versuchung zu führen. Es waren die Stimmen meines eigenen Verstandes, die mich dazu brachten, an mir selbst und anderen zu zweifeln.

Auch du musst eine Zeit in der Wüste durchstehen, wenn du dich mit deinen eigenen Ängsten und Zweifeln auseinandersetzen willst. Diese Zeit der inneren Prüfung geht dem Annehmen der eigenen Lebensaufgabe immer voraus. Denn wie könntest du mit den Ängsten fertig werden, die andere auf dich projizieren, wenn du deine eigene Angst nicht durchlebt hast? Vergiss nicht, dass diejenigen, die voller Licht sind, die meiste Aufmerksamkeit auf sich ziehen.

Wie kannst du, wenn du selbst nicht innerlich heil und stark bist, ein Leuchtfeuer der Liebe für andere sein? Die Art von Stärke und Integration, von der ich hier spreche, ist eine ernst zu nehmende Sache. Kannst du deinen inneren Teufeln begegnen und lernen, sie zu lieben? Kannst du den ängstlichen Stimmen in dir lauschen und sie trösten? Kannst du dir inmitten eines stetig fließenden Stromes von Gedanken über deine Wertlosigkeit deinen eigenen Wert bestätigen? Kannst du an deine Liebe glauben, wenn die verletzten Kinder in deinem Innern dir sagen, dass Liebe eine Illusion ist und dass du besser daran tätest, dich noch mehr abzuschotten und zu verteidigen? Kannst du lieben, wenn Angst in dir aufsteigt? Kannst du im Wiedererkennen der Wahrheit dessen, was du bist, fest verankert sein?

Das sind wesentliche Fragen. Und sie müssen beantwortet werden, bevor du mit deinem Lebenswerk beginnst. Du musst das Licht der Bewusstheit in die Dunkelheit deiner eigenen Psyche tragen. Jede Angst, die deine Selbstachtung untergräbt, muss angeschaut werden. Solange du nicht stark genug bist, um dir deine Ängste anzuschauen und sie mitfühlend zu halten, kannst du den für dich vorgesehenen Platz im Plan des großen Ganzen nicht einnehmen.

Sei nicht überrascht, wenn du in dieser Hinsicht geprüft wirst, bevor sich deine Lebensaufgabe offenbart. Du solltest darin kein Zeichen dafür sehen, dass irgend etwas nicht in Ordnung ist. Alles ist in Ordnung. Es ist einfach Zeit zu beweisen, dass du bereit bist. Auch wenn es so aussehen mag, als versuchtest du, jemanden außerhalb von dir zu überzeugen, so entspricht das nicht der

Wahrheit. Du beweist all das zunächst einmal nur dir selbst. Du bist der/die einzige, der/die überzeugt werden muss.

Wenn du jenseits aller Zweifel von deinem eigenen Wert überzeugt bist, wenn du bereit bist, dir selbst absolut zu vertrauen, kann dir der Sinn deines Lebens auf diesem Planeten offenbart werden. Dann kannst du aus der Wüste zurückkehren, denn du hast die Oase gefunden, jene unerschöpfliche Quelle der Liebe und des Mitgefühls, die unter dem Treibsand deiner Ängste verborgen war.

Der Tanz des Annehmens

Einen Großteil deiner Lebenszeit verbringst du damit, dich selbst und andere zu verurteilen. Stell dir vor, wie es sich anfühlen würde, alles zu bejahen und zu segnen, was du jetzt verurteilst oder unannehmbar findest.

Es erfordert einen radikalen Akt, das, was in deinem Leben geschieht, genau so anzunehmen, wie es ist. Wenn du das tust, hörst du auf, den Wert deiner Erfahrungen in Frage zu stellen. Die Herausforderung besteht darin, mit deiner jeweiligen Erfahrung zu *sein* oder – wenn du nicht mit ihr sein kannst – dir deiner Widerstände, Urteile und negativen Interpretationen bewusst zu sein. Indem du dir der Gedanken bewusst bist, die dich vom Leben trennen, baust du eine Brücke, die dich dahin bringen kann, den Augenblick genau so zu akzeptieren, wie er sich vor dir entfaltet.

Wenn du deinen Widerstand siehst, verurteilst du ihn nicht. Du machst dich nicht nieder. Du nimmst deine Angst einfach wahr, ohne zu werten, ohne zu urteilen. Wenn du die Angst erkennen und benennen kannst, wird sie dein Leben nicht länger beherrschen. Dann reagierst du nicht mehr aus dieser Angst heraus auf das, was das Leben dir beschert.

Das Annehmen ist ein lebenslanger Tanz. Er gelingt uns immer besser, je mehr wir uns darin üben. Aber wir werden nie perfekt darin. Ängste und Widerstände werden weiterhin hochkommen und wir werden immer unser Bestes tun müssen, um mit ihnen fertig zu werden. Manchmal bremsen sie uns, aber das ist dann vielleicht genau das, was wir zur Zeit brauchen. Im Tanz des Annehmens wird Unbewusstes bewusst. Deine Angst wird zu deinem Partner. Du tanzt mit der inneren und der äußeren Situation. Du tanzt mit dem, was geschieht, und mit dem, was du darüber denkst und dabei empfindest. Dieser innere und äußere Tanz findet ununterbrochen statt. Du kannst nie von der Tanzfläche gehen, um ein Nickerchen zu machen. Selbst in der Stille ist Bewegung. Der Fluss hört nie auf zu fließen. Wenn er eine Zeitlang nicht sichtbar ist, fließt er unterirdisch weiter. Wir leben in einem dynamischen Universum ... alles bewegt und verändert sich unablässig. Manchmal werden wir müde und wollen aus dem Karussell aussteigen. „Ich mache diesen Tanz nicht mehr mit", rufen wir selbstgerecht aus. Doch dann verlieben wir uns ganz unerwartet oder irgendjemand macht uns ein geschäftliches Angebot, das wir unmöglich ablehnen können. In dem Augenblick, in dem uns wirklich klar ist, dass der Kaiser keine Kleider hat, erscheint sein Modeschöpfer mit den neuesten Modellen auf der Bildfläche.

Wir können uns noch so sehr anstrengen, es wird uns nicht gelingen, dem Drama zu entfliehen. Wir können den Tanz nicht stoppen, er geht mit uns weiter oder ohne uns. Deshalb besteht unsere einzige Hoffnung auf ein harmonisches Leben darin, mit dem Strom fließen zu lernen, statt gegen ihn anzuschwimmen.

Wenn du akzeptierst, dass der Tanz ewig dauert, fällt es dir leichter, seine spezifischen Ausdrucksformen im gegenwärtigen Moment zu akzeptieren. Die sehen vielleicht so aus, dass du eine Panikattacke hast, deinen Mann oder deine Kinder anschreist, zuviel trinkst oder sogar über Selbstmord nachdenkst. Doch solange du weißt, dass all das Teil des Tanzes ist, findest du auch einen Weg aus dem Schlamassel heraus. Du wirst nie in irgendetwas hineingeraten, aus dem du nicht wieder herauskommst – wie schwierig dir das auch erscheinen mag. Das ist eine Gesetzmäßigkeit dieses Tanzes. Wenn du einen falschen Schritt gemacht hast, atmest du einmal tief durch und tanzt weiter. Wenn du den Rhythmus verloren hast, hältst du einen Moment lang inne, lauschst der Musik – und findest ihn wieder.

Fehler sind ein unvermeidlicher Teil des Tanzes. Aber manche Leute wissen das nicht. Ihr Unternehmen geht bankrott oder ihr Partner verlässt sie – und sie schießen sich eine Kugel in den Kopf. Sie spielen um sehr hohe Einsätze. Sie glauben, bei diesem Tanz ginge es um Erfolg oder Niederlage, schwarz oder weiß. Doch in Wirklichkeit geht es ununterbrochen um beides. Dieser Tanz ist ein Tanz der Gegensätze, ein Wechselspiel der Widersprüche. Er ist paradox und das war schon immer so.

Das größte Paradoxon ist dieses: Du kannst nicht tanzen, wenn du versuchst herauszufinden, wie es geht! Wenn du immer darüber nachdenkst, ob du deine Beine auch richtig bewegst, wird es sehr schwierig für dich werden. Wenn du dich jedoch einfach bewegst, dann tanzt du. Du tanzt vielleicht anders als andere, aber du tanzt deinen Tanz. Und dein Tanz ist ebenso gut wie der Tanz irgendeines anderen.

Die höchste Form des Annehmens zeigt sich in dem Bewusstsein, dass alles, was dir geschieht, absolut perfekt für dich ist. Du bekommst immer nur so viel, wie du bewältigen kannst, und niemals fehlt es an irgendetwas in deinem Leben. Du kannst natürlich über deinen Gartenzaun schauen und der Ansicht sein, dass das Gras deines Nachbarn viel grüner ist. Vielleicht hat er ein größeres Haus und ein eleganteres Auto. Aber du kannst nicht wissen, was das für ihn bedeutet. Du kannst nicht sehen, ob er mit seinem Haus oder seinem Auto glücklich ist. Du kannst nur wissen, ob du glücklich bist.

Und wenn du nicht glücklich bist, kannst du sicher sein, dass du dich wertlos und missachtet fühlst. Dann musst du eben damit tanzen. Wenn du dein Leben nicht akzeptierst, wie es ist, dann musst du mit deinem Mangel an Akzeptanz tanzen. Du musst lernen, auf liebevolle Weise mit deinen Widerständen, deinem Neid und deiner Eifersucht umzugehen. Und das ist ein ganz besonderer Tanz. Je unglücklicher du bist, desto schwerer wird der Tanz, denn du musst mit deinem Unglück tanzen. Deshalb ist das Annehmen so wichtig wie eine spirituelle Praxis. Je mehr du dein Leben akzeptierst, wie es ist, desto leichter wird der Tanz.

Regeln oder innere Führung

Die meisten Menschen wünschen sich Regeln, die sie befolgen können. Aber die meisten Regeln sind nicht hilfreich. Sie können allzu leicht für die Verfolgung anderer eingesetzt und damit missbraucht werden.

Die Wahrheit ist, dass du nicht weißt, was gut für andere ist. Und oft weißt du noch nicht einmal, was gut für dich selbst ist. Die Demut, die aus diesem Bewusstsein erwächst, ist eine wesentliche Grundlage für ein spirituelles Leben.

Weil das, was du sagst und tust, sowohl hilfreich als auch verletzend für andere sein kann, ist es besser, neutral zu bleiben, als ohne Einsicht und Verstehen zu sprechen oder zu handeln. Halte anderen nicht deine Bibel oder deine heiligen Bücher unter die Nase. Bestehe nicht darauf, dass sie nach deinen Vorstellungen leben sollten. Wenn dir ihr Wohlergehen am Herzen liegt, dann liebe sie. Aber versuche nicht, sie zu bekehren. Auf diese Weise verbreitet sich die Lehre nicht.

Wenn du einen Weg gewählt hast, dann lebe diesen Weg. Zeige, dass du fähig bist, auf liebevolle, mitfühlende Weise zu sprechen und zu handeln. Damit sicherst du dir die Aufmerksamkeit anderer Menschen viel mehr als durch jede Predigt.

Es ist nicht deine Aufgabe, anderen zu predigen. Es geht vielmehr darum, dass du den Weg zur Wahrheit deines Herzens findest. Nur du allein weißt, welche Route sich am besten für die Erfüllung deines Lebenszwecks eignet. Doch dieses Wissen ist oft tief in deinem Innern verschüttet. Manchmal musst du sehr lange lauschen, bis du dich mit deiner inneren Weisheit verbinden kannst. In manchen Fällen ist es unmöglich, diese Verbindung herzustellen, solange du auf andere hörst und nach ihren Vorstellungen zu leben versuchst.

Aber deine Verantwortung endet nicht hier. Wenn du die Stimme deines Herzens vernommen hast, musst du ihr auch folgen. Denn es liegt immer noch an dir, in Übereinstimmung mit dieser Stimme zu handeln. Und das mag einige Risiken bergen. Es bedeutet vielleicht, dass du andere Prioritäten setzen musst.

Deine innere Weisheit wird nicht zulassen, dass du im Graben stecken bleibst. Sie wird dafür sorgen, dass der Abschleppwagen kommt und dich wieder auf die Straße deines Lebens zieht. Aber zuerst musst du das Auftragsformular unterschreiben. Zuerst musst du einwilligen.

Man zieht immer auch irgendeinen Gewinn daraus, dass man stecken bleibt. Welchen Gewinn ziehst du daraus? Ziehst du die Sicherheit eines Gefängnisses der Weite der Welt vor? Zumindest weißt du ja, wo du schlafen kannst und um welche Zeit es etwas zu essen gibt.

Wenn du daran gewöhnt bist, nach den Regeln anderer zu leben, kannst du dich zunächst überfordert fühlen, wenn du deine eigenen Prioritäten setzen und eigene Entscheidungen fällen sollst. Du weißt nicht, ob du dieser Verantwortung gerecht werden kannst. Aber wenn du nicht lernst, Verantwortung für dein Leben zu übernehmen, wer soll es dann tun? Wenn du deine Aufgabe, deinen Daseinszweck nicht findest und ihm folgst, wie willst du dann Erfüllung finden?

Du kannst dein Leben damit zubringen, für andere Leute zu arbeiten und nach ihren Regeln zu leben, aber das wird dir nicht helfen, deinen eigenen Weg zu finden. Du musst deine „Netze verlassen", bevor du dich darin verstrickst. Für andere zu arbeiten sollte bestenfalls eine vorübergehende Beschäftigung sein. Arbeite für andere, während du dir die Fähigkeiten aneignest, die du brauchst, um für dich selbst zu arbeiten. Lebe nach den Regeln anderer, bis sich dir die Gelegenheit bietet, nach deinen eigenen Prioritäten zu handeln.

Dein Leben muss ein dynamischer Prozess sein. Du musst immer den nächsten Schritt machen. Bleibe deinen Idealen treu. Lebe nach deinen Überzeugungen. Beweise, dass sie der Realität standhalten. Zeige dir und anderen, dass sie funktionieren. Sei ein Leuchtfeuer der Liebe und des Mitgefühls. Ermutige andere, ihre eigene Wahrheit zu finden.

So verbreitet sich die Lehre ... nicht durch Predigen. Nicht, indem du anderen Leuten sagst, was gut für sie ist, oder indem du dir das von anderen sagen lässt.

Wenn du genau hinschaust, wirst du feststellen, dass gerade diejenigen am wenigsten an sich selbst glauben, die das größte Bedürfnis haben, anderen zu sagen, was sie tun sollen. Sie haben noch nicht einmal angefangen, auf die Stimme ihres eigenen Herzens zu hören, aber sie rennen überall herum und sagen anderen, was sie tun sollten. Das ist die Absurdität des falschen Zeugen. Wenn du im Graben steckst und zuviel Angst hast, dich aus deiner Lage zu befreien, wirst du als erstes versuchen, andere Leute zu finden, die zu dir in den Graben steigen. Nicht selten wird ein Tempel über einen solchen Straßengraben gebaut und Gottes Heiligtum genannt.

Ich habe dir oft gesagt, dass du vorsichtig sein musst. Die Dinge sind nicht immer so, wie sie zu sein scheinen. Wölfe laufen in Schafspelzen herum. Gefängnisse der Angst und Verdammung präsentieren sich als Tempel der Liebe und Vergebung. Es ist gut, die Augen offen zu halten. Schließe dich niemandem an, bevor du nicht die

Resultate seiner Handlungen gesehen hast. Worte sind oft wohlfeil und irreführend.

Würde jeder von euch die Wahrheit in seinem eigenen Herzen nähren, könntet ihr gemeinsam eine ganz andere Welt schaffen. Es wäre eine Welt der spirituell Erwachten, nicht eine Welt der Opfer, eine Welt der Gleichheit, nicht eine Welt der Vorurteile, eine Welt der Einsicht und des Respekts, nicht eine Welt der Konflikte und der Verzweiflung.

Niemand außer dir kann Verantwortung dafür übernehmen, wie du dein Leben lebst. Weder deine Eltern, noch dein Partner, noch deine Kinder. Weder deine Kirche, noch deine Freunde, noch dein soziales Netz. Du allein musst es tun. Scheint dir das ein einsamer Weg zu sein? Nun, vielleicht ist es in gewisser Hinsicht ein einsamer Weg. Aber eine aufregendere Aufgabe wirst du in diesem Leben nicht mehr bekommen.

Stelle also keine Regeln für andere Menschen auf. Damit lenkst du dich nur von deinem eigenen Leben ab. Lass andere ihren eigenen Weg finden. Unterstütze sie. Ermutige sie. Ermuntere sie mit einem Lächeln. Aber glaube nicht, dass du weißt, was gut für sie ist. Du weißt es nicht. Und du wirst es auch niemals wissen. Eine von gegenseitiger Abhängigkeit bestimmte Beschäftigung mit dem Leben anderer hält dich davon ab, Verantwortung für dein eigenes Leben zu übernehmen.

Bleibe in deinem Leben, bleibe in deinem Herzen. Alles, was du brauchst, um deine Bestimmung zu erfüllen, findest du in deinem Innern. Höre auf deine innere Führung, achte sie, handle in Übereinstimmung mit ihr, bleibe ihr treu – und sie wird sich dir offenbaren. Wenn du mit deinem eigenen göttlichen Wesen verbunden bist, werden sich die Türen, durch die du hindurchgehen musst, für dich öffnen.

Die offene Tür

Das Leben hat seinen eigenen Rhythmus. Wenn du dich hingibst, wirst du ihn entdecken. Aber es ist nicht so einfach, sich hinzugeben. Hingabe heißt, jeden Augenblick als etwas ganz Neues zu sehen. Um dazu fähig zu sein, kannst du nicht an dem festhalten, was gerade geschehen ist. Du kannst es schätzen, du kannst es genießen, aber du musst es loslassen.

Du kannst das, was geschieht, nicht kontrollieren. Du kannst nur offen dafür sein oder Widerstand leisten. Wenn du Erwartungen hast, wirst du Widerstand leisten. Leiste keinen Widerstand. Klammere dich nicht an die Vergangenheit oder an Zukunftserwartungen. Sei einfach da, wo du bist. Bring alles ins Hier und Jetzt. Bringe deine Bindungen, deine Erwartungen in die Gegenwart. Sei dir deines Widerstands bewusst. Schau dir das Drama deiner Enttäuschung an. Erkenne, dass du nicht bekommen hast, was du wolltest. Spüre, welche Gefühle das in dir auslöst. Beobachte, mache deine Erfahrungen, aber verliere dich nicht in diesem Drama.

Wenn du das Drama beobachten kannst, ohne darauf zu reagieren, kannst du im Hier und Jetzt verankert bleiben. Du kannst präsent bleiben. Du kannst sehen, welche Türen verschlossen und welche offen sind. Versuche nicht, durch geschlossene Türen zu gehen. Du wirst dich nur unnötig verletzen. Selbst wenn du nicht weißt, warum eine Tür verschlossen ist, solltest du die Tatsache respektieren, dass sie verschlossen ist. Und kämpfe nicht mit dem Türgriff. Wenn die Tür offen wäre, würdest du es wissen. Allein durch den Wunsch, sie möge offen sein, öffnet sie sich nicht.

Ein Großteil des Schmerzes in eurem Leben wird dadurch verursacht, dass ihr versucht, durch geschlossene Türen zu gehen oder quadratische Pflöcke in runde Löcher zu treiben. Wir versuchen, jemanden zu halten, der bereit ist zu gehen, oder jemanden dazu zu bringen, etwas zu tun, bevor er oder sie dazu bereit ist. Anstatt die Dinge zu akzeptieren, wie sie sind, und damit zu arbeiten, greifen wir ein oder versuchen zu manipulieren, um das zu bekommen, was wir unserer Meinung nach brauchen.

Das kann natürlich nicht funktionieren. Wenn wir den Fluss der Ereignisse stören, wenn wir an dem herummanipulieren, was jetzt ist, verursachen wir Konflikte für uns selbst und andere. Wir verletzen Grenzen. Wir stehen im Weg.

Deshalb ist Bewusstheit notwendig. Wenn wir erkennen, dass die Dinge nicht im Fluss sind, müssen wir einen Schritt zurücktreten und begreifen, dass unsere Handlungen nicht hilfreich sind. Wir müssen innehalten, eine Pause machen, uns die Situation in Ruhe anschauen. Wir müssen mit dem, was wir tun, aufhören, weil es nicht funktioniert und weil wir die Situation nicht noch schlimmer machen wollen, als sie ist.

Der Verzicht auf offensives Handeln ist der erste Schritt zur Aussöhnung und zur Wiedergutmachung unserer Fehler.

Die Tür bleibt geschlossen. Nachdem wir innegehalten haben, gestehen wir erst uns selbst und dann anderen unseren Fehler ein. Und dann versprechen wir, diesen Fehler nicht zu wiederholen.

Das ist der Prozess der Vergebung in seiner einfachsten Form. Wir werden uns unserer Fehler gewahr und lernen daraus, damit wir sie nicht wiederholen müssen. Wenn wir in die natürliche Ordnung der Dinge eingreifen, müssen wir leiden. Sobald wir unsere Übergriffe einstellen, hört auch das Leiden auf.

Es ist eine einfache Bewegung von der Schwere zur Leichtigkeit, vom Unbehagen zum Wohlbehagen, von der Disharmonie zur Harmonie. Es ist nicht nötig, aus dem Prozess der Vergebung eine komplizierte oder esoterische Angelegenheit zu machen. Es ist ein natürlicher, organischer Prozess.

Wenn die Tür verschlossen ist, können wir nicht eintreten. Wir müssen geduldig warten oder weitergehen und schauen, ob sich eine andere Tür öffnet. Solange wir uns selbst und anderen verzeihen, stehen die Chancen recht gut, dass die richtige Tür sich öffnen wird. Nur wenn wir uns weigern, aus unseren Fehlern zu lernen, oder an unserem Groll festhalten, scheinen wir immer wieder vor verschlossenen Türen zu stehen.

Glücklicherweise hält Gott nicht an irgendwelchem Groll fest. Er bestraft uns auch nicht für unsere Fehler. Gott sagt uns immer wieder: „Das hat wohl nicht so gut funktioniert, oder? Vielleicht kannst du das nächste Mal eine andere Wahl treffen."

Ein zwanghafter Umgang mit den eigenen Fehlern ist nicht hilfreich. Schuldgefühle sind ebenfalls nicht hilfreich, denn sie bringen uns nicht dazu, uns anderen gegenüber verantwortungsvoller zu verhalten. Doch wenn wir aus unseren Fehlern lernen, hilft uns das, mehr Verantwortung zu übernehmen und harmonischer, mit größerer Integrität zu leben. Das ist Sühne. Schuldgefühle können nichts zum Sühneprozess beitragen. Sie können ihn höchstens verhindern.

Wenn etwas nicht funktioniert, ist eine Korrektur notwendig. Anpassungen dieser Art sind ein natürlicher Teil eines harmonischen Lebens. Wir können nicht immer alles richtig machen. Wir machen zwangsläufig Fehler, aber wenn wir diese Fehler zugeben und korrigieren, können wir auf unserem Weg bleiben. Dann werden sich weiterhin Türen für uns öffnen.

Gnade erfahren wir, wenn die Korrektur ständig stattfindet. Wir erleben Erfüllung, wenn wir nicht nur über Vergebung sprechen, sondern sie von Augenblick zu Augenblick leben. Dann spielt es keine Rolle, wie oft wir vom Weg abkommen. Wir können über unsere Irrtümer lachen und sie hinter uns lassen.

Wenn du die Vergangenheit mit dir herumschleppst, passt du nicht durch die Tür. Fühle dich nicht schuldig. Übernimm statt dessen Verantwortung dafür, deine Fehler zu korrigieren. Auf diese Weise trägst du nicht so viel überflüssiges Gepäck mit dir herum. Je mehr Verantwortung du für deine Gedanken, Gefühle und Erfahrungen übernimmst, desto unkomplizierter wird deine Reise und desto leichter wird es dir fallen, deine Fehler zu korrigieren.

Schuldgefühle sind nicht konstruktiv. Wenn du nichts tun kannst, um die Situation zu verbessern, dann akzeptiere sie einfach, wie sie ist. Manchmal kann man nichts tun. Man ist nicht schuld daran. Das Leben ist einfach, wie es ist. Und das ist in Ordnung. In dem Bewusstsein, dass das Leben in Ordnung ist, wie zerrissen und unvollkommen es scheinen mag, bleibt Raum für Bewegung. Hier kann eine Veränderung stattfinden. Eine Tür kann sich öffnen.

Die wichtigste Tür aber ist die zu deinem eigenen Herzen. Ist sie offen oder verschlossen? Wenn sie offen ist, trägst du das ganze Universum in dir. Ist sie jedoch verschlossen, stehst du allein und hältst die Welt von dir fern. Vertraue, und der Fluss fließt durch dein Herz. Misstraue, und ein Damm hält den Fluss zurück. Widerstand lässt ein Herz schnell müde werden. Das Leben nutzt es ab. Aber ein offenes Herz ist voller Energie, es tanzt und singt.

Ist die Tür deines Herzens offen, dann öffnen sich dir auch alle anderen wichtigen Türen der Welt. Du gehst dorthin, wo du hingehen musst. Nichts hindert dich daran, deiner Bestimmung gemäß zu leben. Alles, was du bist, entfaltet sich ganz natürlich in seinem eigenen Rhythmus, ohne Kampf oder Einschränkung. Das Unerwartete geschieht mühelos. Wunder sind an der Tagesordnung.

Der Drahtseilakt

Es mag zwar manchmal so aussehen, als wüssten wir überhaupt nichts, aber das stimmt nicht ganz. Es ist nicht so, dass wir gar nichts wissen. Wir wissen ein wenig. Und manchmal, wenn wir mit uns und der Welt in Harmonie sind, wissen wir sogar ein bisschen mehr.

Aber wir sehen nie das ganze Bild. Das ist sicher. Und je mehr wir an Dingen, Menschen oder Situationen festhalten, desto weniger sehen wir. Je stärker wir auf bestimmte Ergebnisse fixiert sind, desto schwerer fällt es uns, zu akzeptieren, „was ist", und damit zu arbeiten.

Damit wir das, was ist, sehen und akzeptieren können, müssen wir uns fragen: „Was weiß ich jetzt, in diesem Moment?" Nicht „Was möchte ich gern wissen?", sondern „Was weiß ich wirklich in meinem tiefsten Innern, was ist die Wahrheit?" Um das, was ist, sehen und akzeptieren zu können, müssen wir alle mentalen Schichten durchdringen, die diesen Augenblick in die Zukunft projizieren wollen, die Pläne machen und träumen wollen und die versuchen, die Kontrolle zu übernehmen. Wir müssen durch diesen ganzen Gedankenwirrwarr hindurch zum echten Kern unseres Wesens vordringen.

Manche Dinge gehören der Vergangenheit an; sie haben nichts mehr mit der Gegenwart zu tun. Was früher geschah, kann aber unsere Einstellung zu dem, was heute geschieht, geprägt haben. Wenn wir uns unsere Angst vor Verletzung eingestehen können, können wir diese Gedanken beiseite schieben. Wir können sagen: „Gut, vielleicht habe ich in der Vergangenheit einen Fehler gemacht, aber ich kann daraus lernen. Diesmal kann ich vorsichtiger sein. Ich muss die Vergangenheit nicht wiederholen." Um im Hier und Jetzt präsent sein zu können, muss man die Vergangenheit akzeptieren und dann hinter sich lassen.

Es gibt auch Dinge, die der Zukunft angehören. Die Wahrheit ist, dass wir nicht wirklich wissen, was in der Zukunft geschehen wird. Und der Versuch, es herauszufinden, kann ziemlich destruktiv sein. Es kann den gegenwärtigen Moment unnötig belasten. Vielleicht haben wir in bezug auf die Zukunft ein Gefühl für die allgemeine Richtung, wenn wir uns unser gegenwärtiges Leben betrachten. Vielleicht wissen wir, welchen Schritt wir als nächstes tun müssen. Aber das ist auch schon alles, was wir jetzt wissen können.

Um in der Gegenwart präsent zu sein, müssen wir in dem, was wir jetzt wissen, zentriert bleiben und Vergangenheit und Zukunft beiseite schieben. Wir wissen vielleicht nicht viel, aber ein wenig wissen wir schon. Nun müssen wir einen Weg finden, unser Leben von da aus zu gestalten. Wenn wir immer wieder die Vergangenheit ins Spiel bringen oder versuchen, für die Zukunft zu planen, entfernen wir uns von dem, was wir wissen. Dann befinden wir uns entweder hinter oder vor uns selbst. Und wir säen innen und außen die Samen des Konflikts.

Es ist also ein Drahtseilakt. Wir müssen über das Seil gehen, das zwischen der Vergangenheit und der Zukunft gespannt ist. Und wir müssen davon ausgehen, dass wir auch manchmal die Balance verlieren. Dann müssen wir uns auf die andere Seite lehnen, damit wir wieder in unsere Mitte kommen, damit wir zu dem zurückkommen, was wir wirklich wissen, und das loslassen, was wir nicht wissen. Wir wissen beispielsweise nicht, ob die Vergangenheit sich wiederholen wird. Wir wissen nicht, ob unsere gegenwärtige Erfahrung in der Zukunft gleich bleiben wird. Die Dinge können sich verändern oder bleiben, wie sie sind. Alte Muster können sich auflösen oder wieder auftauchen. Wir wissen es nicht. Alles, was wir wissen, ist, wie wir uns jetzt, in diesem Augenblick fühlen.

Wenn wir bei diesem Augenblick bleiben können, können wir in der Gegenwart präsent und in bezug auf unsere Erfahrung ehrlich zu uns selbst und anderen sein. Wir können sagen, worauf wir uns einlassen wollen und worauf nicht. Natürlich können sich die Dinge in der Zukunft ändern, aber wir können nicht jetzt in der ständigen Hoffnung leben, dass sie sich ändern werden. Wir können nur da sein, wo wir sind, nicht dort, wo wir uns hinwünschen.

Das ist eine schwierige Aufgabe, denn unser Denken beruht zum größten Teil auf Angst. Wir wehren uns gegen das, was ist, oder versuchen, es zu ändern. Wenn es uns nicht gelingt, durch diese Widerstände hindurch zu einer tieferen Ebene unseres Selbst vorzudringen, werden wir nicht in der Lage sein, diesen gegenwärtigen Augenblick bewusst zu erleben, sondern uns in einer sich unablässig drehenden Mühle der Gedanken und Emotionen verlieren.

Die Vergangenheit sagt: „Öffne dich nicht. Es ist zu beängstigend. Erinnerst du dich nicht, was damals geschah, als …?" Und die Zukunft sagt: „Das dauert alles so lange, warum wagen wir nicht einfach den Sprung und tun es?" Die Vergangenheit versucht uns zurückzuhalten, die Zukunft treibt uns zur Eile an. Ein nettes Dilemma, nicht wahr?

Die Wahrheit ist, dass wir auf beide Stimmen hören und ihnen versichern müssen, dass sie gehört wurden. Dann können wir unsere innere Balance wiederfinden, können wieder in unsere Mitte kommen. Dann können wir versuchen, einen Platz zu finden, der sich *jetzt* gut für uns anfühlt.

Genau das muss die Seiltänzerin tun. Sie kann sich keine Gedanken darüber machen, ob sie in der Vergangenheit die Balance verloren hat. Und sie kann nicht davon träumen, in der Zukunft eine perfekte Vorstellung zu geben. Sie muss sich ganz und gar auf das konzentrieren, was in diesem Augenblick geschieht. Sie muss einen Fuß vor den anderen setzen. Jeder Schritt ist ein Balanceakt. Jeder Schritt ist ein spiritueller Akt.

Zukunftsdeutung

Viele Menschen wollen wissen, was ihnen die Zukunft bringen wird. Sie gehen zu Medien, Astrologen, Kartenlegern und hoffen, Dinge gesagt zu bekommen, die ihnen helfen, sich besser zu fühlen.

Wie absurd das ist, kann man nur ermessen, wenn man weiß, dass die Zukunft auf keinen Fall vorhergesagt werden kann.

Es ist wahr, dass vom Bewusstsein eines Menschen bestimmte Tendenzen ausgehen. Bestimmte Muster werden in Gang gesetzt. Aber jeder Moment bietet uns eine neue Wahlmöglichkeit und die Wahl, die wir treffen, kann unser Schicksal verändern. Je mehr wir uns damit beschäftigen, etwas über unsere Zukunft herauszufinden, desto weniger Aufmerksamkeit widmen wir unseren Wahlmöglichkeiten im Hier und Jetzt. Wir können uns nicht ausreichend darauf konzentrieren, was *jetzt* zu tun ist. Deshalb wird in vielen spirituellen Traditionen von der Zukunftsdeutung abgeraten.

Die Besessenheit, mit der manche Menschen sich mit ihrer Vergangenheit beschäftigen, kann genauso destruktiv sein wie die übermäßige Beschäftigung mit der Zukunft. Viele Leute konsultieren Therapeuten oder Medien, um etwas über ihre Vergangenheit herauszufinden, das ihre gegenwärtigen Probleme erklären könnte. Sie unterziehen sich verschiedenen Therapien wie Psychoanalyse, Traumtherapie, Hypnotherapie, Reinkarnationstherapie, Arbeit mit dem „inneren Kind" und so weiter. Sicher helfen diese Therapien manchen Menschen, in ihrem Leben weiterzukommen, aber für manche andere werden sie zu einem gefährlichen Sumpf. Ein Instrument, das Hilfe bringen soll, wird zum Dogma. Eine Technik, die uns helfen soll, die Ursache unseres Schmerzes offenzulegen, wird zu einer Einladung, sich in diesem Schmerz zu suhlen und in der Opferrolle zu verharren.

Wenn wir im Rahmen solcher Therapien auf Kindheitstraumata wie Gewalt oder sexuellen Missbrauch oder auf Erinnerungen aus früheren Leben stoßen, täten wir gut daran, uns zu fragen, ob diese Geschichten uns helfen, im Hier und Jetzt präsent und stark zu sein. Das Herzeigen unserer alten Wunden bringt uns oft genau die Aufmerksamkeit ein, nach der wir uns sehnen, und liefert uns eine Rechtfertigung für unsere mangelnde Bereitschaft, Verantwortung für unsere gegenwärtigen Erfahrungen zu übernehmen. Auf unserem spirituellen Weg bringen uns diese Abstecher ins Gestern oder Morgen kaum weiter. Im Gegenteil: Diese Dramen aus der Vergangenheit oder die in die Zukunft projizierten Erwartungen sind Zerstreuungen, die uns von der echten Herausforderung ablenken, nämlich im Hier und Jetzt präsent zu sein.

Es ist interessant zu beobachten, wie unser Verstand immer weiter nach Lösungen in der Außenwelt sucht und wie sehr uns unsere Phantasien über Veränderungen faszinieren. Was gleich bleibt, interessiert uns viel weniger. Wir mögen es nicht, wenn man uns sagt: „Da draußen gibt es nichts zu holen!" Wenn der Guru uns sagt, wir sollen nach Hause fahren und unseren Atem beobachten, sind wir enttäuscht. Wir hatten gehofft, er würde uns zu einem weiteren Retreat einladen, in ein weiteres Abenteuer schicken oder zu einer neuen Mission aussenden.

Es gibt genügend schmale, kurvige Straßen dort draußen, die uns eine lange Reise ermöglichen. Es gibt genügend Umwege auf dem spirituellen Weg. Wenn wir wollen, können wir ewig weiterreisen. Doch wenn wir viele Nebenstraßen befahren und einige Umwege gemacht haben, erkennen wir, dass keiner dieser Wege irgendwohin führt. Sie bringen uns alle zurück zu der Stelle, von der wir losgefahren sind. Wir haben genug sinnlose Reisen gemacht. Jetzt ist die Zeit gekommen, um sich im Herzen zu verankern. Wir brauchen uns nicht darum zu kümmern, was in der Vergangenheit geschah oder was in Zukunft geschehen wird. Wir brauchen keine Geschichten mehr, die uns schläfrig machen.

Die alten Geschichten loslassen

Unsere „alten Geschichten" verstärken unsere Ängste und liefern uns Rechtfertigungen für unsere Rituale des Selbstschutzes. Immer wenn wir uns innerlich mit dem verbinden, was wir wollen, verbinden wir uns auch mit all den Gründen, die dagegen sprechen. „Ich will meine Arbeitsstelle kündigen, aber ich kann nicht … Ich will mich auf diese Beziehung einlassen, aber ich kann nicht." Und so weiter und so weiter … Wir wollen frischen Wind in unser Leben bringen und halten gleichzeitig an unseren alten Gewohnheiten fest. Wir wünschen uns Veränderungen, aber wir haben auch Angst davor.

In gewisser Hinsicht ziehen wir sogar unseren gegenwärtigen Schmerz vor, weil er eine bekannte Größe ist. Wir glauben, dass alles noch schlimmer werden könnte, wenn wir in unserem Leben etwas verändern. Der Schmerz könnte größer werden. Wir ziehen den bekannten Schmerz dem unbekannten vor, das vertraute Leid dem unvertrauten.

Unser Ego klammert sich an den Status quo, weil er berechenbar ist. Deshalb werden die heldenhaften Pläne, mit denen unser spirituelles, erwachsenes Selbst unser Leben transformieren will, unweigerlich von den Ängsten des verletzten inneren Kindes untergraben, denn dieses Kind denkt, es sei nicht liebenswert, und kann sich deshalb ein Leben ohne Schmerz gar nicht vorstellen. Das verletzte innere Kind betrachtet jedes Versprechen auf die Erlösung vom Schmerz nur als Trick, mit dem es dazu überredet werden soll, seine Verteidigungsmechanismen aufzugeben und sich Angriffen wehrlos auszuliefern.

Unsere Ängste sorgen also dafür, dass wir uns der Möglichkeit einer sinnvollen Veränderung verschließen. Was wir angeblich wollen, ist nicht das, was wir wirklich wollen. Der spirituelle Erwachsene und das verletzte Kind liegen miteinander im Widerstreit – und das verletzte Kind gewinnt immer. Doch das macht leider weder den Erwachsenen noch das Kind glücklich. Es verlängert nur unser vertrautes inneres Leid.

Dieses doppelbödige Terrain unserer Psyche, die mit sich selbst auf Kriegsfuß steht, betreten dann eine Reihe von Experten: Psychiater, Berater, Prediger, Gurus. Jeder behauptet, eine Lösung parat zu haben, doch jede angebotene und übernommene Lösung vergrößert nur das Problem. Indem wir glauben, mit uns sei irgend etwas nicht in Ordnung, verstärken wir unser Gefühl der Wertlosigkeit. Wenn wir versuchen, uns selbst in Ordnung zu bringen, bestärken wir uns in unserem Glauben, dass irgendetwas in uns „kaputt" ist.

Professionelle „Reparateure" nehmen uns unsere Geschichte ab und glauben uns, dass wir innerlich zerbrochen sind. Sie versuchen uns zu heilen. Sie bestärken uns in unserem Drama. Und wenn es nicht aufregend genug ist, dann helfen sie uns, es ein bisschen aufregender zu machen. Auf jeden Fall geht es immer um hochdramatische Dinge, um Sünde und Erlösung. Weder diesen Experten noch uns selbst kommt je der Gedanke in den Sinn, dass vielleicht überhaupt nichts zerbrochen ist, dass vielleicht gar nichts repariert werden muss. Ihnen und uns kommt nie in den Sinn, dass der einzige destruktive Aspekt unserer Situation unsere Überzeugung ist, irgendetwas sei „kaputt" und wir könnten nie bekommen, was wir wollen.

Die äußeren Probleme, die wir in unserem Leben wahrnehmen, sind Projektionen des inneren Konflikts: „Ich will, aber ich kann es nicht haben." Würden wir uns erlauben zu bekommen, was wir wollen, oder würden wir aufhören, etwas zu wollen, weil wir wissen, dass wir es nicht haben können, dann würde sich dieser Konflikt auflösen. Der Konflikt endet, wenn wir haben, was wir wollen, oder akzeptieren, dass wir es nicht haben können. Damit endet unser Drama.

Wenn wir haben, was wir wollen, oder unseren Frieden damit gemacht haben, dass wir es nicht haben können, gibt es kein Drama. Um das Drama des Suchens am Laufen zu halten, darf man nicht finden, wonach man sucht. Findet man die Liebe oder das Glück, endet die Geschichte. „Und von da an lebten sie alle Zeit glücklich und zufrieden ..." Die Geschichte ist zu Ende. Das Drama ist vorbei. Was nun? Die Wahrheit ist, dass wir nicht bereit sind, unsere Dramen aufzugeben. Unsere alten Geschichten sind Teil unserer Identität geworden. Unser Schmerz ist Teil unserer Persönlichkeit. Wir wissen nicht, wer wir ohne ihn sind. Das Drama loszulassen bedeutet zu erlauben, dass sich die Vergangenheit hier und jetzt auflöst.

Wenn wir das tun können, spielt es keine Rolle mehr, was in der Vergangenheit geschehen ist. Es hat keine Macht mehr über uns. Es existiert nicht mehr. Wir schreiben auf einer sauber gewischten Tafel.

Das bedeutet allerdings auch, dass wir jetzt absolut verantwortlich für alles sind, was wir in unserem Leben wählen. Es gibt keine Ausreden mehr. Wir können nichts mehr auf die Vergangenheit oder auf unser Karma schieben, weil es keine Vergangenheit und kein Karma mehr gibt. Wenn wir unser Leben nicht mehr auf der Basis dessen interpretieren, was gestern oder letztes Jahr geschah, sind die Ereignisse neutral. Was ist, ist.

Die Freiheit, jetzt und hier völlig präsent und verantwortlich zu sein, ist furchterregend. Und nur sehr wenige Menschen wählen diese Freiheit. Die meisten wollen ihre Vergangenheit wie eine Schlinge um den Hals tragen. Sie bestehen darauf, ihr Kreuz zu schleppen und ihre Dornenkrone zu tragen. Wenn sie dann gekreuzigt werden, können sie sagen: „Ich habe dir ja gesagt, dass das geschehen würde." Noch eine sich selbst erfüllende Prophezeiung!

Wir geben unser Drama nicht auf, weil wir es lieben. Wir ziehen unser Karma hinter uns her, weil wir daran hängen. Und so müssen wir all diese vermeintlichen Wunden heilen. Es spielt keine Rolle, dass diese Wunden nicht real sind. Für uns sind sie real genug.

So setzt sich das Drama fort. Wir suchen, aber wir finden nicht. Ich will, aber ich kann nicht haben. Ich will frei sein, aber ich will auch meine Sicherheit. Du kannst einem Menschen, der im Gefängnis sitzt und drei Mahlzeiten pro Tag bekommt, nicht erzählen, dass Freiheit ihre eigene Sicherheit mit sich bringt. Er will diese drei Mahlzeiten auf Biegen und Brechen. Erst dann ist er bereit, über Freiheit zu sprechen.

Wie kannst du etwas Neues in dein Leben bringen, wenn du dich an das klammerst, was du bereits hast? Um etwas Neues, Frisches, Unvorhersagbares hineinzubringen, musst du etwas Altes, Abgestandenes, Gewohntes aufgeben.

Wenn du willst, dass das Kreative sich in dir manifestiert, musst du alles hingeben, was nicht kreativ ist. Dann füllt die Kreativität den Raum, der durch das Aufgeben des Alten entsteht. Wenn die Tasse voll mit abgestandenem, kaltem Tee ist, kannst du keinen frischen, heißen Tee hineingießen. Du musst zuerst die Tasse ausleeren, dann kannst du sie wieder füllen.

Wenn du dein Drama beenden willst, solltest du zuerst schauen, was du in dieses Drama investiert hast. Welchen Gewinn ziehst du daraus, nicht zu finden, nicht zu heilen, nicht in alle Ewigkeit glücklich zu leben? Und sei ehrlich. Wenn du nicht durch deinen Schmerz hindurchgehen willst, dann sag die Wahrheit. Sage: „Ich bin noch nicht bereit, durch meinen Schmerz zu gehen." Sage nicht: „Ich wollte, mein Schmerz hätte ein Ende, aber es kann nicht sein." Das ist eine Lüge. Dein Schmerz könnte ein Ende haben, aber du wählst diese Möglichkeit nicht. Vielleicht genießt du die Aufmerksamkeit, die deine Opferrolle dir einbringt.

Die meisten Leute, die behaupten, auf dem spirituellen Weg zu sein, fahren unermüdlich in alten Gleisen. Sie sagen immer „Ja, aber ..." Sie finden immer Ausreden. Für einen Menschen, der gelernt hat, Verantwortung zu übernehmen, gibt es keine Ausreden. Er weiß, dass sein Leid ihm allein gehört. Es hat nichts mit irgend jemand anderem zu tun. Wenn er nicht bereit ist, sagt er: „Ich bin nicht bereit." Und wenn er bereit ist, muss er keine Versprechungen machen. Denn Taten entspringen der inneren Bereitschaft ... und Taten sprechen immer lauter als Worte.

Freiheit und Verpflichtung

Wenn es wahr ist, dass wir alles tun können, was wir wollen, dann gibt es in der Tat keine Ausreden mehr. Wenn wir nicht tun, was wir wollen, dann wollen wir es wohl nicht stark genug. Oder wir tun vielleicht, was wir glauben, wollen zu müssen. Vielleicht versuchen wir, den Traum eines anderen Menschen zu leben, anstatt unseren eigenen.

Du kannst sicher sein, dass sich dein Traum von dem aller anderen Menschen unterscheidet. Er ist einzigartig. Wenn du dich mit anderen vergleichst, kannst du niemals authentisch handeln.

Wenn du kein inneres Engagement aufbringst, um dein Ziel zu erreichen, musst du dein Ziel in Frage stellen. Die Freiheit, ein Ziel verfolgen zu können, bedeutet nichts, wenn man sich diesem Ziel nicht verpflichtet fühlt. Wenn du etwas nicht tun willst, wenn du nicht bereit bist, deine ganze Kraft dafür einzusetzen, wirst du dein Ziel nicht erreichen. Aber nicht, weil dich irgendetwas oder irgendjemand davon abhält, sondern weil es nicht das ist, was du wirklich willst.

Menschen sind aus zwei Gründen ineffektiv. Entweder wissen sie nicht, was sie wollen, oder sie glauben nicht daran.

Wenn du weißt, was du willst, und daran glaubst, kann dich nichts daran hindern, das Gewünschte in dein Leben zu bringen. Es kann natürlich sein, dass es, nachdem du es in dein Leben gebracht hast, ein bisschen anders aussieht, als du es dir vorgestellt hast. Es könnte sein, dass dein Ego etwas daran auszusetzen hat. Aber das ist ein anderes Problem.

Es ist nicht deine Aufgabe zu wissen, wie sich die Dinge manifestieren oder wie sie aussehen werden. Deine Aufgabe ist, dir darüber klar zu werden, was du willst, und dich total dafür einzusetzen. Und dann solltest du es so akzeptieren, wie es geschieht, wie es sich dir zeigt. Denn wenn du es nicht akzeptierst, wenn du die Früchte deiner Bemühungen nicht zu schätzen weißt, schwächst du dich selbst. Wenn du an deiner Erfahrung etwas auszusetzen hast, machst du es dir selbst schwer, wenn nicht unmöglich, Gnade in deinem Leben zu erfahren.

Alle wünschen sich eine Formel, um Dinge manifestieren zu können, aber nur sehr wenige sind bereit, mit der Formel zu arbeiten. Die Formel ist nicht das Problem. Die Praxis ist die Herausforderung.

Eine Schöpfungsformel

1. Werde dir zunächst darüber klar, was du willst. Solange du etwas nicht von ganzem Herzen willst, wird es dir schwer fallen, es zu manifestieren. Nimm dir so viel Zeit, wie du brauchst, um Klarheit zu gewinnen. Das kann einen Tag dauern, einen Monat, ein Jahr, ein ganzes Leben. Wenn du versuchst, etwas zu erschaffen, ohne zu wissen, was du willst, verschwendest du deine Zeit und Energie. Außerdem konditionierst du dich darauf, ständig zu scheitern. Handle nicht voreilig und bitte nicht um etwas, solange du nicht sicher bist, dass du es wirklich willst.

2. Glaube an das, was du willst, und bewege dich stetig darauf zu, wie unerreichbar es auch scheinen mag, wie viele Hindernisse auch im Weg stehen mögen. Ohne dein totales Engagement kann dein Ziel nicht verwirklicht werden. Lass nicht nach in deiner Entschlossenheit, bis sich das, was du willst, in deinem Leben manifestiert hat.

3. Wenn das, was du willst, in dein Leben getreten ist, dann schätze es. Sei dankbar dafür. Lass deine Vorstellungen von seiner Erscheinungsform los. Lass deine Erwartungen los. Nimm es an, so wie es ist. Arbeite damit, nutze es. Liebe es und höre nicht auf, es zu lieben.

Deine Aufgabe besteht darin, dir über das Ziel klar zu werden, dich ganz dafür einzusetzen und dankbar für seine Verwirklichung in deinem Leben zu sein. Das „Wie" braucht dich nicht zu kümmern. Tu einfach dein Bestes. Wende jede Strategie an, die sich gut und richtig anfühlt.

Aber vergiss nicht: Es ist nicht die Strategie, die dich deinem Ziel näher bringt, sondern dein Engagement und dein Wunsch, es zu erreichen. Wenn diese beiden Faktoren „stimmig" sind, wird sich die notwendige Strategie offenbaren. Wenn du weißt, „was" du willst und „warum" du es willst, dann wird sich das „Wann, Wo und Wie" von selbst offenbaren.

Alle Schöpfung ist in Wirklichkeit Mit-Schöpfung. Du bestimmst, was du willst, setzt dich dafür ein, bewegst dich darauf zu – und die Gelegenheiten, die du zur Verwirklichung deines Zieles brauchst, tun sich vor dir auf. Du musst natürlich die Augen offen halten. Du musst deine Erwartungen immer wieder loslassen und bereit sein, die sich dir bietenden Chancen zu sehen, aber du musst sie nicht produzieren. Sie ergeben sich ganz von selbst.

Eines der großen „Aha-Erlebnisse" auf dem spirituellen Weg ist die Erkenntnis, dass du dein Leben nicht „geschehen machen" musst. Es geschieht von selbst.

Wenn du weißt, was du willst, bietet dir das Universum spontan alles an, was nötig ist, um das Gewünschte zu realisieren. Das ist es, was Mühelosigkeit und Nicht-Streben uns lehren. Wir müssen nicht kämpfen, um die Dinge geschehen zu machen. Wir müssen nicht opfern, betteln, borgen oder stehlen. Wir müssen nur klar, engagiert und entschlossen sein.

Natürlich gibt es noch einen ganz wichtigen Punkt. Wir müssen daran glauben, dass wir das, was wir wollen, auch wert sind. Wenn wir nicht glauben, dass wir es wert sind, können die Dinge noch so gut laufen – wir werden einen Weg finden, die Sache zu sabotieren. Wir werden dafür sorgen, dass wir es nicht genug wollen. Wir werden uns nicht genug dafür einsetzen. Wir kämpfen, wenn wir uns wertlos fühlen. Wir sabotieren uns selbst. Solange diese innere Blockade existiert, können wir unsere Träume und Ziele nicht realisieren.

Im Paradies sind Adam und Eva unschuldig. Sie haben das Gefühl, der Liebe Gottes wert zu sein. Sobald sie sich unwürdig fühlen, werden sie aus dem Paradies verbannt. Was einst so leicht war, wird zur Mühe und Plage. Spiel wird zu Arbeit. Erfüllung wird zum Opfer.

Es ist unmöglich, etwas ohne Gott zu erschaffen. Wenn dein Wille vom göttlichen Willen getrennt ist, ist keine Manifestation möglich. Wenn du dich der Liebe Gottes nicht würdig fühlst, kannst du auch keine Liebe in der Welt finden.

Wenn du Angst hast oder dich schämst, dann versuche, die Angst und die Scham mitfühlend anzunehmen, damit du sie sanft in die Arme der Liebe entlassen kannst.

Gott will nicht, dass du kämpfen musst. Gott will nicht, dass du dich selbst niedermachst. Gott bittet dich einfach nur, demütig zu sein. Er will, dass du weißt, dass du aus deinem begrenzten Ego-Bewusstsein heraus nichts erschaffen kannst. „Erkenne dich selbst und sei wahrhaftig zu dir." Das ist dein Part. Gott sorgt für den Rest. Lass den Gedanken an das „Wie" los. Du kannst es nicht wissen. Der Wunsch zu wissen vertreibt dich aus dem Paradies. Er entfernt dich von Gott.

Gott zu vertrauen bedeutet, dir selbst im tiefsten Innern zu vertrauen. Es bedeutet, an dein unbegrenztes, kreatives Selbst zu glauben. Nein, nicht an den Teil von dir, der sich hinsetzen und alles bis ins Kleinste ausklügeln muss. Nicht an den Teil, der Garantien braucht. Diesem Teil kann man nicht trauen und auch er vertraut nicht. Er ist unsicher und wird es immer sein, weil er nicht weiß, dass er geliebt wird.

Doch der Teil von dir, der weiß, dass er geliebt wird, und sich dieser Liebe wert fühlt, kann vertrauen. Er ist das Bindeglied zwischen dir und Gott. Wenn du in dieser Sicherheit ruhst, wird alles, was du in deinem Leben brauchst, auf wunderbare Weise erschaffen werden. Je mehr du auf Gott in deinem Innern vertraust und je weniger du dich auf dein begrenztes, sich ungeliebt fühlendes Selbst verlässt, desto weniger brauchst du zu kämpfen. Dein Opfergang hat ein Ende.

Vergiss nicht, dass der Weg aus dem Paradies unweigerlich nach Golgatha führt. Am Ende wird die Welt sich nach Kräften bemühen, dir alles zu nehmen, außer dem, was du selbst dir zu geben bereit warst. Verzichte auf den Weg zum Kreuz. Es ist ein sinnloser und unnötiger Weg. Wenn du das nicht aus meinem Leben gelernt hast, dann lerne es jetzt. Selbst Jesus kann gekreuzigt werden. Niemand kann den Schmerz der Welt auf sich nehmen und überleben. Nicht dadurch, dass ich deinen Schmerz auf mich nehme, werde ich frei, sondern indem ich dir zeige, wie du deinen Schmerz hinter dir lassen kannst.

Die Reise des Erwachens führt von unbewusster Unschuld zum Sündenfall und von der Schuld zu Selbstverantwortung und Vergebung. Die Unschuld wird nicht durch Erfahrungen befleckt, sondern in ihr und durch sie erlöst, wie Blake wusste. Derjenige, der darauf besteht zu wissen, wird durch seinen eigenen Mangel an Vertrauen gekreuzigt, aber er wird lernen, dem Handel zu trauen. Wenn Adam ins Paradies zurückkehrt, wird er wieder nackt sein, aber er wird nicht mehr in Versuchung geraten, sein Seelenheil gegen die Verheißung äußerer Erfüllung einzutauschen.

Dass wir die Wahrheit nur kennen können, indem wir die Wahrheit sind, ist der Anstoß zur Reise und beschließt sie am Ende. Denn am Ende landen wir wieder dort, wo alles begann, im Paradies, wo jeder von uns Adam und Eva, Schlange und Erlöser ist.

Den Himmel auf die Erde bringen

Der echte Preis der Freiheit ist nicht Leid, sondern Verantwortung. Anstatt zu versuchen, andere für deine Fehler verantwortlich zu machen, räumst du sie ein und lernst aus ihnen. Du beginnst anders zu denken und zu handeln. Du fängst an, dein Chaos zu beseitigen. Es grünt und blüht wieder im Paradiesgarten. Du pflanzt neue Bäume und Blumen, du wässerst die Erde und jätest das Unkraut. Du übernimmst Verantwortung für das, was du erschaffen hast. Was du zur Entezeit einbringst hängt davon ab, was du Tag für Tag säst.

Dies ist das Leben, das du gewählt hast, als du in diesem Körper auf die Welt kamst. Mit diesen Gesetzen musst du leben und arbeiten. Du musst mit deinen Fehlern leben, bis du sie korrigierst. Bis du lernst, Vergangenes zu vergeben und Dinge und Situationen mit größerer Umsicht und Verantwortlichkeit zu erschaffen, wirst du in einer Art Hölle auf Erden leben.

Dieser Planet ist ein Laboratorium, eine Schule, in der du lernst, so viel Selbstvertrauen und so viel Sensibilität für andere zu entwickeln, wie du brauchst, um die Bedingungen schaffen zu können, die dem höchsten Wohl des Ganzen dienen. Jetzt ist dein Paradiesgarten verdorrt und von Unkraut überwuchert. Du hast ihn vernachlässigt. Niemand kann ihn für dich hegen und pflegen.

Jeder Gedanke, den du denkst, jedes Gefühl, das du in dir nährst, jede Tat, die du begehst, hat Gewicht. Prüfe also sorgfältig. Frage dich, wie sie sich auf dich und andere auswirken. Agiere nicht blind, getrieben von deinen

Zweifeln, deiner Wut, deiner Angst. Du kannst es dir nicht länger leisten, auf dieser Basis zu handeln und Dinge zu erschaffen. Die Erde hat dich bereits darauf aufmerksam gemacht. Wasser und Wind haben sich erhoben und in deinen Träumen zu dir gesprochen. Feuer loderte vor deinen Füßen, wie es einst vor Moses loderte. Es gibt hier keine Geheimnisse.

Viele von euch haben das Gefühl, dass das Leben sich beschleunigt. Umso mehr Grund hast du, langsamer zu werden. Wie sonst könntest du den gegenwärtigen Augenblick bewusst erleben? Du kannst dich nicht mehr mit allem auseinandersetzen, was in der Vergangenheit geschehen ist, du kannst dich nur mit dem konfrontieren, was jetzt geschieht.

Es ist Zeit, dass du so lebst, als wäre dein letzter Tag gekommen, als wäre jeder Augenblick der einzige, den du noch hast. Wenn du dazu fähig bist, wirst du ein guter Gärtner sein. Du wirst jenen inneren Frieden, jene Stille des Herzens erfahren, die sich einstellt, wenn man verantwortungsvoll erschafft.

Wenn du ins Paradies zurückkehrst, bist du nicht mehr der Mensch, der du warst, als du es verließest. Als du damals gingst, wartete die Hölle auf dich, denn du warst entschlossen, deine Kreativität um jeden Preis zum Ausdruck zu bringen. Nun kehrst du bescheiden und demütig zurück und bist sensibel geworden für die Bedürfnisse des Ganzen. Du kehrst nicht nur als Geschöpf zurück, sondern auch als Schöpfer, nicht nur als Sohn des Menschen, sondern auch als Sohn Gottes. Der Kreis von Adam zu Christus hat sich geschlossen.

Dem inneren Christus vertrauen

Wenn Angst deine Handlungsgrundlage ist, kannst du kein einziges Problem lösen. Du verstärkst die Hysterie und Disharmonie nur noch. Handle nicht aus Angst. Lass die Angst in dir hochkommen, reite auf ihr wie auf einer Welle und kehre in deine Mitte zurück. Dann ist die Zeit zum Handeln gekommen.

Mache dir klar, dass du gerade so viel Zeit hast, wie du brauchst, um deine Reise zu vollenden. Beeile dich also nicht, aber zögere auch nicht. Geh vertrauensvoll, zuversichtlich und freudig voran. Verschwende keinen Gedanken an Gestern oder Morgen. Was du heute sagst und tust, ist genug.

Bewege dich in die Richtung deiner größten Freude. Tu Dinge, die deine Liebe, deine Dankbarkeit und deine Wertschätzung ausdrücken.

Verurteile dich nicht dafür, dass du in der Vergangenheit gelitten hast. Vergib dir, lass die Vergangenheit los und geh weiter.

Tu, was du schon immer tun wolltest. Und wenn dich niemand dafür bezahlen will, dann tu es eben ohne Bezahlung. Wenn dich niemand ermutigt, dann verdopple deine Bemühungen. Halte das Geschenk, das du der Welt zu geben hast, nicht zurück. Die Welt kann nur gerettet werden, wenn alle Menschen ihr Geschenk darbringen.

Sorge dich nicht um die Zukunft. Du bist derjenige, der sie erschafft. Binde sie nicht an die Vergangenheit. Lass sie sich ganz frei entfalten. Hab Vertrauen und sei nicht auf Ergebnisse fixiert. Vertraue.

Der oder diejenige, dem oder der du vertraust, ist Gott in physischer Form. Wie kannst du dich vor der Zukunft fürchten, wenn Christus bei dir ist? Setze dein Vertrauen in ihn.

TEIL 3

Die Praxis

Öffne dich für Jesus

Wenn diese Worte etwas in dir zum Schwingen bringen, kann es sein, dass du bereit bist, die Lehren Jesu als deinen spirituellen Weg anzunehmen. Du solltest dir jedoch darüber im klaren sein, dass du die Lehre nicht ohne den Lehrer übernehmen kannst.

Obwohl Jesus nicht in einem physischen Körper auf dieser Erde weilt, ist er sehr präsent und jederzeit für dich da. Um mit ihm in Verbindung treten zu können, ist von deiner Seite nichts anderes als Bereitschaft und Offenheit erforderlich.

Für den Lehrer Jesus kannst du dich ganz unabhängig von deinem religiösen Hintergrund öffnen. Du musst kein Christ sein. Aufgeschlossenen Juden fällt es leichter, sich mit Jesus zu verbinden, als manchen Christen, weil sie ihn eher als Lehrer und Ebenbürtigen akzeptieren können. Vergiss nicht, dass es leichter ist, eine Beziehung zu einem Ebenbürtigen herzustellen, als zu jemandem, den du auf ein Podest stellst. Für Jesus spielen eure Dogmen keine Rolle, ob es sich nun um christliche, buddhistische, hinduistische, jüdische oder islamische handelt. Ihn interessiert nur eure Bereitschaft, euch daran zu erinnern, wer ihr wirklich seid.

Du entwickelst eine Beziehung zu Jesus, indem du dich auf einen Dialog mit ihm einlässt, ihn um Führung bittest und seine Lehren verstehst und praktizierst. Aber wie kannst du den ersten Schritt tun und das Gespräch beginnen?

Bekenne dich zu deinem Lehrer

Ich weiß nicht, warum das so wichtig ist, aber ich kann dir versichern, dass meine Beziehung zu Jesus erst voll aufblühte, als ich tat, worum er mich gebeten hatte, und mich zu ihm bekannte. Es war nicht möglich, seine Lehre zu übernehmen und ihn zu verleugnen. Ich musste ihn zumindest als Urheber der Lehre anerkennen. Wenn mir die Lehre zusagte, musste ich auch den Lehrer akzeptieren.

Dieses Bekennen zu Jesus, durch das er aufhörte, eine abstrakte Vorstellung zu sein, und zu einer realen Präsenz in meinem Leben wurde, löste eine Reihe innerer Dialoge und Träume aus. Heute bekenne ich mich sowohl im Privaten als auch öffentlich immer wieder zu Jesus. Er ist der Freund, mein Gefährte auf dem spirituellen Weg. Wenn die Dinge schwierig werden, bitte ich ihn um Führung.

Auch wenn sich deine Erfahrung mit ihm bestimmt von meiner unterscheiden wird, so weiß ich doch, dass das Bekenntnis ein wichtiger Punkt ist. Wenn du zu jemandem sprichst, nennst du ihn bei seinem Namen. Du sprichst diese Person auf eine ganz bestimmte Weise an, die sich von der Art, wie du Kontakt mit anderen Personen aufnimmst, unterscheidet.

Bei Menschen, denen ich durch meine Arbeit half, ihre Herzen für das Christusbewusstsein zu öffnen, konnte ich immer eine deutliche energetische Veränderung beobachten, wenn sie Jesus direkt ansprachen. Viele von ihnen spürten dann zum erstenmal ihre Herzenergie. Wenn man seine Präsenz erst einmal energetisch wahrgenommen hat, kann man einfach nicht mehr so tun, als sei er nicht da, wenn man sich direkt an ihn wendet.

Gehe in die Stille

Nimm dir jeden Tag ein oder zweimal mindestens zehn bis fünfzehn Minuten Zeit, um in die Stille zu gehen. Schiebe alles beiseite, womit du gerade beschäftigt bist. Werde still und lausche. Vielleicht fällt es dir leichter, still zu werden, wenn du zuvor ein paar Yoga- oder Atemübungen machst, um dich körperlich oder geistig zu entspannen.

Setze oder lege dich bequem hin und entspanne dich einfach in die Stille hinein. Nimm Gedanken oder Gefühle, die in dir hochkommen, einfach wahr und akzeptiere sie. In den Zwischenräumen zwischen deinen Gedanken wirst du tiefen Frieden und tiefe Stille erfahren. Verweile dort. Sei dort vollkommen wach und präsent.

Manchmal hörst du in diesem Raum der Stille vielleicht eine Stimme, siehst ein Bild oder hast eine Einsicht, die nichts mit deinen Alltagsgedanken zu tun hat. Wenn das geschieht, spürst du eine tiefe innere Ruhe und Gewissheit. Du weißt, dass es mit dem, was du gehört, gesehen oder verstanden hast, seine Richtigkeit hat. Das zeigt dir, dass du mit deiner inneren Führung in Kontakt bist. Diese Führung erreicht dich von dem Ort aus, an dem du mit Gott verbunden bist. Nimm diese Führung dankbar an. Lerne, auf sie zu vertrauen und dich in deinem Handeln nach ihr zu richten. Je mehr du das tust, desto leichter wird es dir fallen, die Wahrheit so zu hören, wie sie sich in deinem Bewusstsein entfaltet.

Indem du regelmäßig in die Stille gehst, tust du genau das, was Jesus tat, als er eine Beziehung zu Gott in seinem

Innern aufbaute. Je mehr du auf diese Beziehung vertraust, desto mehr kann sie dein Handeln in der Welt beeinflussen und dich Schritt für Schritt deiner Bestimmung in diesem Leben entgegenführen.

Ein Mantra, das wirkt

Selbst im Alltag kannst du Spiritualität praktizieren. Immer wenn du merkst, dass du verwirrt, angespannt, ängstlich oder wütend bist, dann frage dich: „Liebe ich mich jetzt, in diesem Augenblick?" Diese Frage hilft dir zu verstehen, dass hinter allen trennenden Gedanken und Handlungen die Weigerung steht, sanft und liebevoll mit dir selbst umzugehen.

Selbst wenn deine Wut oder deine negativen Gefühle sich gegen eine andere Person richten, gehst du in diesem Moment nicht liebevoll mit dir selbst um. Denn du kannst überhaupt nur wütend auf einen anderen Menschen sein, indem du vergisst, dich selbst zu lieben. Wenn du dich selbst liebst, ist es unmöglich, wütend auf einen anderen Menschen zu sein.

Das Mantra „Liebe ich mich selbst, jetzt, in diesem Moment?" erinnert dich an die einzige Verantwortung, die du hast, solange du in diesem physischen Körper auf dieser Erde existierst: Dich zu lieben und gut für dich zu sorgen. Wenn die Liebe in deinem Herzen fest verankert ist, strahlt sie automatisch auf andere aus. Dieses Mantra hat absolut nichts mit Egoismus zu tun. Es führt dich einfach zu deinem Herzen zurück, dorthin, wo die Liebe ihren Ursprung hat.

Wenn du feststellst, dass du nicht liebevoll mit dir selbst umgehst, dann weißt du, was du tun musst, um wieder inneren Frieden zu finden. Hast du beispielsweise gerade mit irgend jemandem eine Auseinandersetzung, dann musst du innehalten und sagen: „Entschuldige bitte, aber ich habe gerade festgestellt, dass ich im Augenblick weder mit mir selbst noch mit dir liebevoll umgehe. Ich brauche ein bisschen Zeit, um mich wieder mit der Liebe zu verbinden. Sonst werde ich Dinge sagen, die ich nicht wirklich meine. Können wir dieses Gespräch vielleicht unterbrechen und etwas später fortsetzen?"

Wenn du merkst, dass du nicht liebevoll bist, musst du innehalten und einen Weg finden, um dich wieder mit der Liebe zu verbinden. Mache einen Spaziergang, atme ein paar Mal tief ein und aus. Sei dir deiner Urteile über andere bewusst und mache dir klar, dass sie deine Urteile über bestimmte Aspekte deiner selbst spiegeln, die du nicht akzeptieren kannst. Arbeite daran, dich selbst jetzt, in diesem Augenblick, zu akzeptieren. Hast du eine Meinungsverschiedenheit mit einem anderen Menschen, dann akzeptiere die Meinungsverschiedenheit. Lass diesen Moment so sein, wie er ist. Er muss nicht perfekt sein, damit du ihn akzeptieren kannst. Sei dir der Tatsache bewusst, dass deine Unfähigkeit, diesen Moment so zu akzeptieren, wie er ist, sich ad infinitum fortsetzt. Die meisten Gefühle verändern sich, wenn du sie akzeptierst. Deine Weigerung, sie anzunehmen, bewirkt nur, dass dein Schmerz noch länger andauert.

Wenn du sehr wütend bist, bist du vielleicht gar nicht in der Lage, diesen Dialog mit dir selbst zu führen. Vielleicht musst du erst ein paar Mal um den Block rennen, an einen einsamen Ort gehen und laut schreien oder auf ein Kissen einschlagen. Lass deine Wut nicht an einem anderen Menschen aus. Damit fügst du dir letztendlich nur noch mehr Schmerz zu. Finde einen Weg, deine Wut auszudrücken, ohne Schaden anzurichten. Und beobachte, wie deine Wut dich selbst kreuzigt und dich an deinen Schmerz bindet. Sie wird vielleicht durch jemand anderen ausgelöst, aber niemand außer dir ist dafür verantwortlich.

Den Schatten integrieren

Am Ende muss selbst die Wut angenommen und verziehen werden. Wenn du weißt, dass deine Wut etwas mit dir selbst und nichts mit anderen zu tun hat, dann weißt du auch, dass die größte Schwierigkeit darin besteht, dir selbst zu vergeben. Wenn du wütend bist, kommt die verborgene dunkle Seite ans Licht. Und es ist nicht einfach, diese dunkle Seite zu akzeptieren. Es ist nicht leicht, den Schmerz und den Schrei nach Liebe zu sehen, der dahinter steckt. Aber das ist der Weg zur Heilung. Du wirst dir der dunklen, verleugneten Aspekte deiner selbst gewahr und rufst sie dir ins Bewusstsein. Du erlöst sie. Du bringst deine Dunkelheit ans Licht.

Das ist kein einfacher Prozess, aber ein notwendiger. Diese Synergie zwischen Dunkelheit und Licht muss in deiner eigenen Seele stattfinden. Das ist Teil der spirituellen Geburt. Auf diese Weise wird der Mensch zum Gott, denn nachdem er gefallen und auf dem Boden der Existenz aufgeschlagen ist, beginnt sein Wiederaufstieg zum Göttlichen.

Du musst die verdrängten oder verleugneten Anteile deines Wesens erlösen. Hast du dich von deiner Sexualität abgeschnitten, musst du wieder Anspruch auf sie erheben. Hast du deine Kreativität verleugnet oder deine Kraft unterdrückt, musst du Wege finden, um diese wichtigen Aspekte deiner selbst annehmen und ausdrücken zu können.

Die meisten von uns projizieren alles, was sie an sich selbst nicht mögen oder bedrohlich finden, auf andere.

Wenn wir uns vor unserer eigenen Kraft fürchten, projizieren wir sie auf irgendeine mächtige, charismatische Person, durch die wir dann zu leben versuchen. Wenn diese Person uns am Ende ausbeutet oder verrät, werden wir natürlich wütend. Vielleicht sinnen wir auf Rache. Doch das verhindert unsere Heilung und Einsicht und beschert uns einen Beziehungskonflikt, der unseren Schmerz und unsere Gefühle der Machtlosigkeit nur noch verstärkt.

Das Ganze ist eine unpersönliche Angelegenheit. Der Mensch, an den wir unsere Macht abgegeben haben, ist vielleicht jemand, der oder die durch selbstsicheres Auftreten oder Überheblichkeit eigene Minderwertigkeitsgefühle kompensiert. Auf der unbewussten Ebene hat ein Kampf stattgefunden, der uns beiden hilft, uns mit unserer Unfähigkeit auseinanderzusetzen, unsere eigene Kraft zu akzeptieren.

Wir erleben Konflikte in unseren Beziehungen, weil andere uns all das widerspiegeln, was wir in uns selbst nicht sehen wollen. Wenn wir darauf bestehen, dass die andere Person das Problem ist, können wir unsere eigenen Lektionen nicht lernen. Deshalb müssen wir anfangen, unsere Beziehungen als Chancen zu betrachten, unsere Selbsttäuschungen zu entlarven und unsere Zweifel, Ängste und Schuldgefühle ans Licht zu holen.

Beziehungen als spiritueller Weg

Es ist eine schwer zu ertragende, aber offensichtliche Tatsache, dass nur sehr wenige von uns in ihren Beziehungen glücklich sind. Das ist hauptsächlich darauf zurückzuführen, dass wir von unseren Beziehungen eine Verbesserung unserer Lebensqualität erwarten. Wir glauben, wir könnten zusammen mit einem anderen Menschen glücklicher sein als allein.

Wenn man einmal darüber nachdenkt, wird einem klar, dass diese Erwartung absurd ist. Wie kann man mit jemand anderem glücklicher sein als mit sich selbst? In Wirklichkeit können wir mit einem anderen Menschen nur so glücklich sein, wie wir mit uns selbst sind. Unsere Fähigkeit, die Beziehung zu einem anderen Menschen zu genießen, hängt davon ab, wie sehr wir die Beziehung zu uns selbst genießen können. Wie könnte es anders sein?

Wollen wir unsere Beziehung also als Chance zu spirituellem Wachstum nutzen, müssen wir zunächst einmal diese romantische Vorstellung aufgeben, die andere Person könne die Quelle unseres Glücks sein. Wir sind die Quelle unseres Glücks. Sind wir glücklich, kann unser Partner unser Glücksgefühl verstärken. Sind wir hingegen unglücklich, wird das Zusammensein mit unserem Partner unsere negativen Gefühle nur noch verstärken. Mit anderen Worten, eine Beziehung ist eine ebenso große Herausforderung wie das Alleinsein – vielleicht sogar eine noch größere.

Darüber müssen wir uns also im klaren sein. Unsere Entscheidung, eine Partnerschaft einzugehen, sollte nicht dem Wunsch entspringen, die Konfrontation mit uns selbst zu vermeiden. Sie sollte vielmehr auf der Bereitschaft beruhen, diesen Prozess zu intensivieren. Wir können vor uns selbst nicht davonlaufen, indem wir uns in eine Beziehung flüchten. Das Gegenteil ist der Fall. Eine Beziehung zwingt uns, uns auf einer tieferen Ebene mit uns selbst auseinanderzusetzen.

Durch unsere spirituelle Praxis lernen wir, andere „vom Haken zu lassen" und Verantwortung für unsere Gedanken, Gefühle und Erfahrungen zu übernehmen. Es kann natürlich sein, dass andere in uns – positive oder negative – Gefühle auslösen, aber sie sind nicht verantwortlich dafür, wie wir uns fühlen. Wir selbst sind verantwortlich für jeden Gedanken, den wir denken, und für jedes Gefühl, das wir haben.

Es ist ganz sicher keine leichte Aufgabe, in jedem Moment Verantwortung für unsere Erfahrung zu übernehmen, selbst dann nicht, wenn wir allein leben. Aber wenn wir mit einem anderen Menschen zusammenleben, wird es noch bedeutend schwieriger. Durch das Zusammenleben werden wir nämlich viel öfter mit unseren Gefühlen konfrontiert. Also müssen wir auch öfter Verantwortung für unsere Gedanken und Gefühle übernehmen.

Wenn wir mit anderen zusammenleben, ist es außerdem ziemlich wahrscheinlich, dass wir ihre alten Wunden berühren. Und wenn unsere Partner es nicht gewohnt sind, Verantwortung für ihre Gedanken und Gefühle zu übernehmen, neigen sie vielleicht dazu, uns zu beschuldigen, wenn ihre Zweifel und Ängste an die Oberfläche kommen. Wir müssen also auch darauf achten, dass wir nicht die Verantwortung für den Schmerz und das Unglück unseres Partners übernehmen.

Unsere Beziehungen sind ein gutes Übungsfeld. Sie bieten uns viele Gelegenheiten, uns darin zu üben, Verantwortung für unsere eigenen Erfahrungen zu übernehmen (nicht zu projizieren) und die Verantwortung für die Gefühle und Gedanken einer anderen Person zurückzuweisen (uns nicht als Zielscheibe für die Projektionen unseres Partners zur Verfügung zu stellen). Wenn wir in der Lage sind, die Lektionen zu lernen, die unsere Beziehungen uns ständig bieten, können wir unser spirituelles Wachstum beschleunigen. Im Laufe dieses Prozesses kann unsere Beziehung zu etwas Heiligem werden.

In einer heiligen (heilen) Beziehung übernehmen wir Verantwortung für die Erfüllung unserer eigenen Bedürfnisse. Dazu gehört, dass wir unserem Partner sagen, was wir wollen, und bereit sind, seine ehrliche Antwort zu akzeptieren. Wenn unser Partner in der Lage ist, uns das Gewünschte zu geben, bringen wir unsere Dankbarkeit zum Ausdruck. Ist er nicht dazu in der Lage, akzeptieren wir das und suchen nach Möglichkeiten, unsere Bedürfnisse auf eine Weise zu erfüllen, die weder unseren Partner verletzt noch unserer Beziehung Schaden zufügt.

Wenn unsere Beziehung heilig ist, sind wir nicht voneinander abhängig oder unehrlich zueinander. Wir sagen die Wahrheit, teilen miteinander, was wir können, und unterstützen einander in unserer Suche nach Möglichkeiten, der Welt zu dienen und unser Selbst kreativ zum Ausdruck zu bringen. Wir versuchen weder, den anderen zurückzuhalten, noch ihn wegzustoßen.

Grenzen überwinden

Eine spirituelle Beziehung baut auf einem starken Gefühl für Grenzen auf. Wir wissen, wofür wir verantwortlich sind und wofür nicht. Doch in einer solchen Beziehung wächst auch das Vertrauen und die Grenzen zwischen dem Selbst und dem anderen lösen sich in bedingungsloser Liebe und dem Wunsch, einander zu dienen, auf.

John sieht vielleicht, dass Jessica traurig ist, wenn er beschließt, sie nicht zum Abendessen bei ihren Eltern zu begleiten. Er weiß, dass er nicht verantwortlich für Jessicas Gefühle ist, dass er sein Herz für sie offen halten und dennoch beschließen kann, zu Hause zu bleiben, um die Arbeiten seiner Schüler zu Ende zu korrigieren. John weiß, dass er in Ordnung ist. Er weiß auch, dass Jessica in Ordnung ist und dass sie ihre Traurigkeit überwinden wird, wenn sie bereit dazu ist. Aber er hat Mitgefühl mit ihr. Er weiß, wie es sich anfühlt, wenn er möchte, dass sie etwas mit ihm unternimmt und sie sich dagegen entscheidet. Es fühlt sich nicht gut an.

John geht also zu Jessica, nimmt sie in den Arm und sagt: „Vielleicht könnte ich dir und deinen Eltern beim Dessert Gesellschaft leisten, wenn ich mit diesen Korrekturen fertig bin. Wäre dir das recht?" Diese kleine Geste hilft Jessica, sich geliebt und geschätzt zu fühlen.

Ist John also verantwortlich dafür, dass Jessica sich geliebt und geschätzt fühlt? Ganz und gar nicht. Es ist nicht seine Verantwortung. Wenn er es zu seiner Verantwortung macht, verstrickt er sich und gerät in eine Co-Abhängigkeit. Er ist nicht für Jessicas Glück verantwortlich und will es auch nicht sein. Aber er empfindet Mitgefühl mit ihr. Also entscheidet er sich aus freien Stücken dafür, etwas zu tun, von dem er glaubt, dass es ihr Freude machen würde. Niemand zwingt ihn dazu. Jessica erwartet das nicht. Es ist nicht Teil eines Musters, bei dem John immer versucht, es Jessica recht zu machen, und daher nicht gut für sich selbst sorgt. John tut sich keine Gewalt an. Er opfert nichts, was ihm wichtig ist. Er weiß, dass er diese Geste machen kann, ohne von Jessicas Reaktion darauf abhängig zu sein, ohne irgendeine Gegenleistung von ihr zu erwarten. Es ist einfach eine Geste des Mitgefühls, die spontan aus dem Moment kommt.

Wenn in einer Beziehung Grenzen respektiert werden, ist es möglich, über sie hinauszugehen. Wenn wir uns von unserem Partner gewürdigt fühlen, fällt es uns leicht, ihm oder ihr gegenüber freundlich und großzügig zu sein. Das hat nichts mit Aufopferung oder Selbstverleugnung zu tun. Im Gegenteil, unsere Liebe dehnt sich aus und wir lernen, das Glück anderer ebenso wichtig zu nehmen wir unser eigenes.

Nein, wir übernehmen dadurch nicht die Verantwortung für das Glück unseres Partners. Das wäre Co-Abhängigkeit und ein Mangel an angemessenen Grenzen. Statt dessen nehmen wir das Glück unseres Partners so wichtig wie unser eigenes. Es besteht keine Trennung mehr zwischen der Liebe zu uns selbst und der Liebe zu unserem Partner. Die Grenzen zwischen dem Selbst und dem anderen werden sanft ausgelöscht. Liebende/r und Geliebte/r vereinigen sich in ewiger Umarmung.

Unsere Hingabe kann nicht mit Opfer oder Zwang verbunden sein, sonst ist es keine Hingabe, sondern Kapitulation. Wir können nicht über das Selbst hinausgehen, wenn wir nicht wissen, wer wir sind oder wer der/die andere ist. Doch wenn wir die Wahrheit über uns selbst und den/die andere/n wissen, wenn wir die Erfahrung machen, dass wir auf einer tiefen Ebene absolut ebenbürtig sind, geraten die Trennungslinien in Vergessenheit. Jetzt ist nur Christus da – in uns selbst und im anderen. Das ist das eine Selbst, der ewige Freund, der/die mitfühlende Eine.

Selbstlos handeln

Wenn wir auch nur in einer einzigen Beziehung den inneren Christus zum Leben erweckt haben, haben wir den ersten Schritt in den Kreis der Gnade getan. Wenn wir erfahren haben, wie es sich anfühlt, das Glück eines anderen Menschen genauso wichtig zu nehmen wie unser eigenes, können wir lernen, das auch in anderen Beziehungen zu tun.

Wir können uns darin üben, etwas für andere zu tun, ohne eine Gegenleistung dafür zu erwarten. Und wir können die Freude erfahren, die das Geben ohne Erwartungen mit sich bringt.

Wenn wir geben, ohne einen Gedanken daran zu verschwenden, ob wir etwas zurückbekommen, manifestiert sich das Gesetz der Gnade durch uns. Wir werden zu einem Vehikel, durch das sich Gottes Liebe in dieser Welt ausdrückt. Natürlich können wir nicht bedingungslos geben, solange wir uns nicht selbst geliebt fühlen. Echtes Geben ist ein Überfließen unserer Liebe. Wenn wir auf diese Weise geben, fühlen wir uns nicht ausgelaugt. Im Gegenteil, wir fühlen uns gestärkt, weil die Liebe, die wir geben, immer durch die Dankbarkeit jener Menschen zu uns zurückkehrt, die uns sagen, wie sehr wir sie mit unserem Handeln berührt haben.

Die Unschuld und Schönheit in anderen Menschen zu sehen und sie wissen zu lassen, dass wir sie sehen, ist das größte Geschenk, das wir geben können. Wenn wir diese Schönheit und Unschuld nicht nur in jenen sehen können, die gut zu uns sind, sondern sogar in den Menschen, die uns missverstehen oder angreifen, dann wissen wir, dass wir im Christusbewusstsein der bedingungslosen Liebe verankert sind.

Um dazu fähig zu sein, muss unsere Überzeugung, dass wir geliebt werden und liebenswert sind, so stark sein, dass wir alle gegen uns gerichteten Angriffe als Irrtum oder Illusion sehen können. Wir können hinter diesen Irrtum blicken und sehen, dass die andere Person Angst hat und sich ungeliebt fühlt. Wir empfinden Mitgefühl für ihren Schmerz. Wir wissen, dass der Angriff aus diesem Schmerz, dieser Verzweiflung heraus geschieht. Und wir wissen, dass nur unsere Liebe diesen Schmerz berühren und transformieren kann.

Wir versagen unsere Liebe nicht denen, die sie brauchen, selbst wenn sie sie auf aggressive Weise einzufordern scheinen. Wir verbinden uns mit dem Aspekt unserer selbst, der weiß, dass Liebe allgegenwärtig und ewig ist, was auch geschehen mag. Dann finden wir einen Weg, mitfühlend und liebevoll auf den Angreifer zu reagieren. Die Lehren Jesu sind in dieser Hinsicht sehr klar. Es liegt nicht nur in unserer Verantwortung, die Menschen zu lieben, die wir mögen und bewundern. Wir werden auch aufgefordert, unsere Feinde zu lieben. So bleibt am Ende niemand übrig, der unserer Liebe nicht wert ist.

Das ist eine einfache, aber kompromisslose Lehre. Wir fangen an, sie zu praktizieren, indem wir jeden Menschen, der uns begegnet, annehmen und in unsere Liebe einbeziehen. Wir erkennen, wann wir herausgefordert werden, und graben tief in unserem Innern nach jener tiefen Quelle der Liebe. In diesem Sinne sind die Menschen, die uns herausfordern, unsere größten Lehrer. Sie bringen uns an unsere Grenzen und zwingen uns, unsere eigenen Mauern der Ängste und Urteile zu durchbrechen. Wenn wir den Weg gehen, den Jesus uns vorgelebt hat, achten wir immer weniger darauf, wie man uns behandelt, und immer mehr darauf, wie wir andere behandeln. Wir lernen, anderen liebevoll zu begegnen, selbst wenn sie sich uns gegenüber nicht liebevoll verhalten. Wir konzentrieren uns nicht auf ihre Worte und Taten, sondern auf unsere eigenen.

Wir wissen, dass wir anderen entweder unsere Angst oder unsere Liebe anbieten können. Unsere Aufgabe besteht darin, durch unsere Ängste hindurchzugehen, auf das Bewusstsein unerschütterlicher Liebe zu. Wenn andere Menschen sich uns gegenüber aggressiv verhalten, werden oft unsere Ängste aktiviert und wir bekommen Gelegenheit, bewusst durch diese Ängste hindurchzugehen. Indem wir das tun, lassen wir sie hinter uns, transzendieren reaktive Emotionen und können mitfühlend und fürsorglich handeln.

Es gibt keine größere Lektion auf dem spirituellen Weg. Wenn wir lernen, liebevoll auf die Ängste anderer zu reagieren, können wir sicher sein, dass auch unsere eigenen Ängste in einer mitfühlenden Umarmung geborgen sind. Wir sind nicht länger reaktiv oder ambivalent in unseren Gefühlen, sondern geduldig und beständig, weil wir wissen, dass nur die Liebe real ist. Alles andere ist Illusion.

Mentor für andere werden

Die Wahrheit, die erkannt und gelebt wird, ist leicht zu verstehen. Jeder Mensch, der zu einem authentischen, mitfühlenden Wesen wird, wird auch zu einem Vorbild für andere. Dieser Mensch kann ein Lehrer, eine Freundin, ein Familienangehöriger, eine Kollegin, ein großer Bruder oder eine kleine Schwester sein. Es ist nicht so wichtig, was sie oder er sagt. Wichtig ist, *wie* diese Person etwas sagt. Ein wahrer Mentor, eine echte Mentorin bringt durch seine oder ihre Worte und Taten Liebe und Fürsorge zum Ausdruck.

Solche Menschen üben eine unwiderstehliche Anziehungskraft auf andere aus, aber nicht unbedingt deshalb, weil sie in der Welt etwas Großartiges erreicht haben, sondern weil sie echtes, fürsorgliches Interesse an anderen haben und weil die anderen das spüren. Die Liebe ist in ihnen aufgeblüht und verströmt sich, ihr Duft berührt alle, die ihnen begegnen. Wenn du gelernt hast, dich selbst zu lieben, kommt du gar nicht umhin, andere zu lieben. Es fällt dir nicht schwer. Es geschieht automatisch.

Wir glauben, Jesus sei besonders, weil er so viele Menschen liebte. Aber in Wirklichkeit ist er einer von vielen, die zum Leuchtfeuer der Liebe wurden. Wenn du liebst, dann ist diese Liebe grenzenlos. Sie erneuert sich unablässig, fließt in dein Herz hinein und aus deinem Herzen heraus. Die Gezeiten der Liebe sind beständig und verlässlich, wie die Wellen, die sich am Meeresufer brechen und wieder zurückziehen.

Liebe ist nicht etwas, das wir tun. Liebe ist, was wir sind. Wir sind die Verkörperung der Liebe in diesem Moment. Nicht weniger als das. Alles beginnt in unserem eigenen Herzen. Es beginnt mit unserer Bereitschaft, uns selbst zu lieben und anzunehmen. Hier wird Christus geboren. Und wenn er geboren ist, kann er nicht zurückgehalten werden. Es gibt keinen Ort, an den er nicht gehen kann, keinen Ort, den seine Liebe nicht erreicht.

Wo du auch hingehst, Christus geht mit dir. Er bewegt sich mit deinen Beinen, streckt durch dich seine Hände aus, spricht mit deiner Stimme und sieht mit deinen Augen. Durch dich ist er überall. Ohne dich wäre er unsichtbar. Ist das nicht ein guter Grund, ein Zeuge, ein Mentor, ein Verkünder der Liebe zu werden, die dir und allen anderen Wesen innewohnt? Nein, nicht um anderen zu predigen oder sie zu bekehren, sondern um zuzuhören, zu trösten, zu lieben. In deiner Stille wird seine Präsenz spürbar; in deinem Annehmen wird sein Mitgefühl erfahrbar; in deinem Lächeln wird seine Freude manifest.

Die Liebe, die sich durch dich ausdrückt, ist die Christus-Präsenz selbst und du bist das menschliche Vehikel, das durch das göttliche Licht erstrahlt, du bist die Verkörperung der Liebe Gottes. Jesus war und ist der Christus, aber er ist nicht der einzige. Wir sind Christi Wiedergeburt – du und ich. Wir sind diejenigen, die aufgefordert wurden, Herz und Geist zu öffnen und die Arme auszubreiten, auf dass die Liebe Gottes in dieser Inkarnation erfahren werden kann.

Als Jesus den Ruf hörte, antwortete er darauf. Jetzt hören auch wir den Ruf. Und wir antworten darauf, indem wir der Lehre folgen, die er uns damals gab und heute noch gibt: „Alles, was nicht Liebe ist, muss verziehen werden, und was verziehen wird, wird zum liebevollen, geduldigen Segen für eine unvollkommene Welt."

Versuche nicht, andere „in Ordnung zu bringen"

Mein Lehrer hat mir immer wieder gesagt, dass niemand in Ordnung gebracht werden muss. Sobald ich denke, dass mit irgend jemandem (einschließlich meiner selbst) etwas nicht in Ordnung ist, bin ich im Mangelbewusstsein. Und aus diesem Mangelbewusstsein heraus kann niemals etwas in Ordnung gebracht werden. Das ist ein Paradoxon. Wenn ich glaube, dass etwas repariert werden muss, ist die Reparatur unmöglich. Wenn ich erkenne, dass es nicht repariert werden kann, ist es ganz. Das Schlüsselwort in diesem Satz heißt „ich". Was „ich" denke, bestimmt die Richtung des Dramas oder auch seine völlige Abwesenheit.

Die Frage lautet immer: „Bin ich bereit, die Situation zu akzeptieren, wie sie ist?" Wenn ja, kann ich daraus lernen und weitergehen. Wenn nicht, werde ich mich daran reiben, darin herumwühlen, sie in die Länge ziehen und sie normalerweise viel schlimmer machen als sie anfangs war.

Wir versuchen immer, unsere Erfahrungen zu ändern, weil wir wollen, dass die Dinge vollkommen sind. Und weil wir auf Vollkommenheit bestehen, erfahren wir Unvollkommenheit. Nur wenn wir die Dinge genau so akzeptieren, wie sie sind, können wir die allem innewohnende Vollkommenheit erkennen. Eine der großartigsten Möglichkeiten, das Christusbewusstsein zu erfahren, besteht darin, sich im Annehmen zu üben. Doch wie vielen von uns fällt es leicht, das Leben so anzunehmen, wie es sich entwickelt?

Die meisten von uns versuchen zwar, die Dinge anzunehmen, stellen aber immer wieder fest, dass sie an ihren Erfahrungen etwas auszusetzen haben. Wenn uns das bewusst wird, haben wir die Möglichkeit, uns selbst niederzumachen oder die Tatsache zu akzeptieren, dass wir etwas auszusetzen haben. Wenn wir uns niedermachen, verstärken wir den Mangel an Akzeptanz. So entsteht ein Teufelskreis, der sich in einem permanenten Gefühl der Unzulänglichkeit äußert.

Wir lernen also, uns dessen gewahr zu sein, was geschieht, ohne es zu verurteilen oder zu bewerten. Wir beobachten: „Ich versuche, die Dinge anzunehmen, wie sie sind, aber ich sehe, dass ich viele Urteile in bezug auf die Situation habe. Ich bin mir auch bewusst, dass ich mich schlecht fühle, weil ich diese Urteile habe. Das scheint mir nicht sehr spirituell. Ich erkenne, dass ich hier sitze und mein Urteilen verurteile. Das ist meine gegenwärtige Realität. Und es ist in Ordnung. Es ist kein Problem. Es ist einfach das, was gerade geschieht."

Mit den letzten vier Sätzen beginnen wir die Sprache der Akzeptanz zu sprechen. So verringern wir den Druck. Nun ist es in Ordnung, dass die Dinge unvollkommen oder unvollendet sind. Jetzt kann ich urteilen und muss mich nicht wie ein Versager fühlen. Jetzt kann ich mir selbst, anderen und der betreffenden Situation mit Mitgefühl begegnen.

Wenn wir die Dinge so annehmen können, wie sie sind, betrachten wie sie mit anderen Augen. Was wir für ein Problem halten, wenn wir etwas an unserem Leben auszusetzen haben, verschwindet oft völlig, wenn wir das Geschehen akzeptieren. Es fühlt sich ein bisschen so an, als würden wir einen tiefen Atemzug nehmen und uns entspannen. Und je mehr wir akzeptieren, was ist, desto tieferen Frieden empfinden wir.

Dann brauchen wir nichts und niemanden in Ordnung zu bringen. Wenn eine Veränderung notwendig sein sollte, geschieht sie ganz von selbst. Sie muss nicht erzwungen werden. Wir müssen uns nicht anstrengen, brauchen nicht zu manipulieren. Wenn wir aufgewühlt oder aufgebracht sind, wollen wir unsere eigenen Probleme und die aller anderen lösen. Wir ziehen uns innerlich zusammen. Wir strahlen Angst oder Wut aus. Wir verspannen uns, vergessen zu atmen und sind zum Angriff oder zum Rückzug bereit. Wir verhalten uns, als würden wir in eine Schlacht ziehen – nur dass der Kampf in unserem eigenen Kopf tobt.

Wir können nicht verhindern, dass das geschieht. Wir werden auch weiterhin Spannungen und Frustrationen erleben, die den Kampf- oder Fluchtreflex auslösen. Aber die Frage lautet nicht „Wie können wir vermeiden, dass wir uns aufregen?" sondern „Wie gehen wir mit der Situation um, wenn wir uns aufregen?" Wird die Aufregung zur Panik? Wird die Angst zur Paranoia? Werden wir blau anlaufen, weil wir vergessen zu atmen? Oder machen wir uns bewusst, dass wir uns aufregen, erinnern wir uns daran zu atmen, entspannen wir uns und nehmen die Situation an, wie sie ist?

Das ist auf jeden Fall eine spirituelle Praxis. Wenn wir uns übereifrig auf einen anderen Menschen stürzen wollen, um ihn „in Ordnung zu bringen", müssen wir uns unsere eigenen Ängste und Spannungen bewusst machen. Wir müssen uns daran erinnern, dass jede der Angst entspringende Handlung die Situation nur verschlimmert. Wir müssen das Urteil in uns „abfangen", bevor wir es aussprechen, und es einfach mitfühlend und bewusst beobachten. Wir können nicht immer verhindern, dass sich die Dinge auf eine bestimmte Weise entwickeln, aber wir können aufhören, mit Angst auf sie zu reagieren. Wir können innehalten, lauschen, atmen und uns erneut mit unserer Herzenergie verbinden.

Es gelingt uns nicht über Nacht, die Dinge anzunehmen, wie sie sind, ohne zu versuchen, sie „zurechtzurücken". Das ist ein Prozess. Niemand verlangt von uns, dass wir irgend etwas „verbessern", wir sollen es nur nicht noch schlimmer machen.

Indem wir aufhören, die Dinge in Ordnung bringen zu wollen, nehmen wir den Druck unserer Urteile und Interpretationen von den Situationen, in die wir geraten. Das Leben kann sich einfach besser entfalten, wenn wir aus dem Weg gehen.

Zuhören ohne Kommentar

Manchmal versuchen wir auf ganz subtile Weise, das Leben anderer in Ordnung zu bringen. Wir scheinen unseren Freunden aufmerksam zuzuhören, aber wir filtern das Gehörte. Ohne Worte lehnen wir das Gesagte ab oder stimmen ihm zu und betrachten es im Kontext unseres eigenen Lebens, unserer eigenen Glaubenssätze und Überzeugungen. Jedenfalls hören wir nicht neutral, bedingungslos, ohne eigene Meinung zu. Also hören wir eigentlich überhaupt nicht wirklich zu.

Wenn unsere Freunde sich uns anvertrauen, meinen wir oft, das sei eine Aufforderung, ihre Situation zu analysieren oder Ratschläge zu geben. Und dann bringen wir sofort unsere eigenen Standpunkte und Urteile ins Spiel. Es ist also kein Wunder, dass andere öfter das Gefühl haben, von uns nicht gehört worden zu sein.

Einer der wichtigsten Aspekte des Christusbewusstseins ist die Fähigkeit, ohne Wertung oder Urteil anzuhören, was andere Menschen sagen, und auch keine Interpretationen anzubieten. Wenn wir eigens um eine Rückmeldung gebeten werden, sagen wir, dass wir glauben, verstanden zu haben, was der andere uns gesagt hat, und wiederholen es noch einmal so akkurat wie möglich. Wenn wir das tun, sind unsere Gesprächspartner meistens angenehm überrascht. „Oh", sagen sie oft, „du hast mir wirklich zugehört."

Es kommt ziemlich selten vor, dass man wirklich gehört wird. Wie oft haben wir das Gefühl, wirklich gehört worden zu sein? Und wie oft haben wir anderen neutral und bedingungslos zugehört, ohne zu versuchen, ihre Probleme zu lösen?

Wenn wir anderen Ratschläge geben, werden wir in ihre Probleme hineingezogen. Man könnte meinen, dass wir genügend eigenen Herausforderungen begegnen und uns nicht noch um anderer Leute Probleme kümmern müssen. Aber wir tun es, weil wir versuchen, unsere eigenen Probleme zu lösen, indem wir ihre Probleme zu unseren machen. Wir projizieren unsere Träume und Ängste auf die Dramen anderer Menschen. Aus diesem Grunde sind „Seifenopern", jene Darstellungen menschlicher Alltagsdramen, so beliebt.

Da die meisten von uns im Lösen ihrer eigenen Probleme nicht sonderlich erfolgreich sind, ist es ziemlich unwahrscheinlich, dass wir anderen bei der Lösung ihrer Probleme hilfreich zur Seite stehen können. Außerdem haben wir keinen Überblick über das Leben eines anderen Menschen. Wir kennen seine Lebenszusammenhänge nicht wirklich. Deshalb können selbst Lösungen, die für uns gut funktioniert haben, für einen anderen Menschen wertlos sein.

Wir haben keinen Grund, uns für freundlich oder großzügig zu halten, wenn wir versuchen, andere in Ordnung zu bringen oder ihnen Ratschläge zu geben. Es ist eher so, dass wir sie damit angreifen. Wenn wir wirklich freundlich zu anderen sein wollen, müssen wir sie akzeptieren, wie sie sind. Dann müssen wir aufhören zu urteilen, zu analysieren, zu interpretieren oder zu versuchen, das Leben anderer zu verändern.

Wir tun dies, indem wir uns bewusst machen, dass andere so, wie sie jetzt in diesem Augenblick sind, in Ordnung sind. Wir behalten ihre gegenwärtige Vollkommenheit im Sinn. Wenn sie ihre Probleme mit uns teilen wollen, hören wir mitfühlend zu, aber wir geben keinen

Kommentar ab und bieten keine Lösungen an. Wir lassen sie einfach wissen, dass wir sie gehört haben. Vielleicht erzählen wir ihnen sogar von einer Situation, in der wir uns ähnlich gefühlt haben, aber wir geben nicht vor, dass unsere Situation der ihren gleiche oder dass das, was für uns funktioniert hat, auch für sie richtig ist. Vielmehr ermutigen wir sie, bei ihrem eigenen Prozess zu bleiben und zu versuchen, in Kontakt mit ihrer eigenen inneren Führung zu kommen. Wir vertrauen darauf, dass sie alle notwendigen Antworten in sich tragen, so wie wir alle Antworten in uns tragen, die wir brauchen.

Indem wir darauf vertrauen, dass andere ihre eigenen Antworten finden, behandeln wir sie auf der spirituellen Ebene als uns ebenbürtig. Wir geben nicht vor, etwas zu wissen, das sie nicht wissen. Wir wollen nicht, dass sie von uns abhängig sind. Wir achten sie und gewähren ihnen Freiheit. Wir vertrauen darauf, dass ihre innere Wahrheit ihren Weg beleuchtet. Das ist tätige Liebe. Das ist die bedingungslose Liebe, von der Jesus sprach. Er bat uns, einander bedingungslos zu lieben. Andere nicht „in Ordnung bringen zu wollen" bedeutet, dass wir nicht auf unangemessene Weise Verantwortung für ihr Leben übernehmen. Dann haben wir genug Zeit und Energie, um auf angemessene Weise Verantwortung für unser eigenes Leben zu übernehmen. Wenn wir auf allen Ebenen – der körperlichen, emotionalen, mentalen und spirituellen – gut für uns sorgen, können wir mitfühlend, geduldig und fürsorglich auf andere reagieren. Wenn wir uns jedoch selbst vernachlässigen und keine Verantwortung für unser eigenes Leben übernehmen, sondern immer Verantwortung für andere zu übernehmen versuchen, brennen wir aus. Und dann sind wir für niemanden hilfreich.

Wir sind nicht hier, um andere vor ihrem Schmerz zu retten, sondern um unseren eigenen Schmerz zu bewältigen. Das kann niemand anders für uns tun. Es ist unsere grundlegende Verantwortung und bleibt es ein Leben lang. Auch wenn wir unser Leben mit dem eines anderen Menschen verbinden, bleibt uns diese Verantwortung. Immer wenn wir sie aus den Augen verlieren oder versuchen, sie auf jemand anders zu übertragen, müssen wir den Preis dafür bezahlen.

Der *Affinity Prozess*

Der *Affinity Prozess* wurde entwickelt, um Menschen in die Lage zu versetzen, zuzuhören, die Dinge zu akzeptieren, wie sie sind, und darauf zu verzichten, sie „in Ordnung bringen zu wollen". Das Ziel dieses Prozesses besteht darin, einen Raum zu schaffen, in dem jedes Gruppenmitglied bedingungslose Liebe und Akzeptanz erfahren kann. Die meisten Gruppen haben acht bis zehn Mitglieder und treffen sich einmal pro Woche, mindestens acht Wochen lang. Es gibt ein paar Richtlinien, die den Gruppenmitgliedern helfen, ein liebevolles, sicheres und mitfühlendes Energiefeld aufrecht zu erhalten.

Indem sie diese Richtlinien befolgen und anwenden, werden sich die Mitglieder bewusst, wie viele Urteile sie in bezug auf andere Gruppenmitglieder und letztendlich sich selbst haben. Sie lernen, diese Urteile mitfühlend und bewusst zu beobachten und sich wieder mit ihrer Herzenergie zu verbinden, so dass sie für andere präsent sein und ihnen wirklich zuhören können.

In den Gruppen hat jeder die Gelegenheit, über jedes Thema zu sprechen, das ihm oder ihr am Herzen liegt. Da die Gruppenregeln jegliches Analysieren oder das Anbieten von Lösungen ausschließen, können die Mitglieder anderen etwas Wichtiges anvertrauen und die Erfahrung machen, dass das, was sie sagen, einfach akzeptiert und mitfühlend und freundlich aufgenommen wird. Manchmal stellt der oder die Mitteilende plötzlich fest, dass sich der betreffende Konflikt oder das Problem im Licht dieser mitfühlenden Akzeptanz einfach auflöst oder dass er oder sie das Problem anders wahrnehmen kann, es nicht mehr so schwer nehmen muss, sich nicht mehr dafür verurteilen muss.

Sobald man ein Problem im Licht eines Bewusstseins sieht, in dem alles, was ist, als vollkommen gilt, wird das Problem nicht mehr genährt. Und wenn das Problem keine Energie mehr bekommt, hört es auf zu existieren. Es bleibt nur so lange ein Problem, wie die davon betroffene Person daran festhält, indem sie sich beispielsweise weigert, sich auf das in der Gruppe herrschende Bewusstsein bedingungsloser Liebe einzulassen. Aber das ist selten, auch wenn es hin und wieder vorkommt. Trennung ist ein vorübergehender Zustand und wenn Liebe da ist, fangen die meisten Menschen an zu atmen, lassen los und geben sich der Liebe hin.

Es gibt einen Bewusstseinszustand, in dem Angst sich auflöst, Probleme nicht existieren können und nichts als Liebe da ist. Die Richtlinien des *Affinity Prozesses* machen es möglich, diesen Zustand nicht nur in der Gruppe, sondern auch zu Hause zu erfahren. Gruppenmitglieder berichten, dass sie ihre neugewonnenen Fähigkeiten in ihre Beziehungen zu Ehepartnern, Kindern, Eltern, Freunden, Vorgesetzten und Kollegen einbringen können, denn wenn sich auch nur eine Person an diese Richtlinien hält, wird jedem Konflikt die Existenzgrundlage entzogen.

Jesus wies mich jahrelang darauf hin, wie wichtig es ist, die Prinzipien des Christusbewusstseins zu praktizieren: „Ihr wisst bereits, was ihr tun müsst. Ihr müsst es einfach nur tun." Jeder von uns verfügt über das theoretische Wissen, um den spirituellen Weg beschreiten zu können, aber wir setzen dieses Wissen nicht um, wir integrieren es nicht in unseren Alltag. Der *Affinity Prozess* gibt uns eine konkrete Methode an die Hand, die wir einmal pro Woche in einer kleinen Gruppe praktizieren können. Mit diesen wöchentlichen Treffen erfüllen wir unsere Verpflichtung, „den Sabbat zu heiligen", das heißt, uns einmal pro Woche Zeit zu nehmen und uns an Gott zu erinnern.

Der *Affinity Prozess* ist eine moderne spirituelle Praxis, welche die Rituale der Beichte und der Kommunion miteinander vereint. Hier hat jeder Mensch Gelegenheit, Ängste, Spannungen, Scham und Schuldgefühle auszudrücken, die ihn oder sie daran hindern, die eigene Unschuld und die Unschuld jedes anderen Menschen zu erkennen. Dieser Prozess reinigt unser Herz und unseren Geist und stellt unsere Verbindung zur bedingungslosen Liebe Gottes wieder her. Er stärkt auch die Verbindung zu unserem Lehrer, indem er uns hilft, uns in Akzeptanz und Vergebung zu üben und nicht zu urteilen.

Der *Affinity Prozess* ermöglicht uns mehr als jede andere Praxis, die Erfahrung des Christusbewusstseins zu machen. Anfangs können wir vielleicht nur ein paar Minuten lang in dieser Erfahrung bleiben. Aber wenn wir allmählich lernen, diesen Bewusstseinszustand zu halten, können wir diese ekstatische Erfahrung immer öfter machen und immer länger halten.

Die wöchentlichen Treffen verankern diese Fähigkeiten in unserem täglichen Leben, denn wir hören nicht auf zu praktizieren, wenn wir nach Hause gehen. Wir wechseln einfach nur das Klassenzimmer. Und so wird die Praxis des Nicht-Urteilens und Annehmens immer mehr zu einer fortwährenden Erfahrung. Innerer Frieden und Ekstase werden zur Lebensform.

Der Gemeinde dienen

Gruppenmitglieder, die den achtwöchigen *Affinity Prozess* durchlaufen haben, werden gebeten, ihn in einen anderen Lebensbereich hineinzutragen: in eine Schule, ein Pflegeheim, ein Gefängnis, eine Kirchengemeinde, eine Krebsnachsorgeeinrichtung, ein Obdachlosenasyl, ein Unternehmen oder eine Dienststelle – dorthin, wo sie arbeiten, ihre Freizeit verbringen oder ehrenamtlich tätig sind. Vielleicht auch an den Ort, an dem ihre Eltern leben oder ihre Kinder unterrichtet werden.

Auf diese Weise können die Gruppenmitglieder ihre Dankbarkeit für einen Lernprozess zum Ausdruck bringen, der ihnen kostenlos zur Verfügung gestellt wurde, und gleichzeitig wird der Prozess auch anderen interessierten Menschen kostenlos zugänglich gemacht. Dadurch verbreitet sich seine energetische Schwingung und immer mehr Menschen lernen, einander zuzuhören und auf friedliche Weise zu kommunizieren. Überall wo dieser Prozess zu wirken beginnt, geschieht Heilung, manchmal auf ganz überraschende Weise.

Obwohl der Prozess selbst auf keine bestimmten Resultate abzielt, geschehen oft ganz von selbst wunderbare Dinge, wenn die Menschen das Gefühl haben, gehört und akzeptiert zu werden. Der Prozess lehrt uns, andere bedingungslos anzunehmen und Unterschiede zu respektieren. Er ermöglicht es Menschen aller Rassen, Religionsgemeinschaften, sozialen Schichten und wirtschaftlichen Gruppierungen, sich auf einer spirituellen Ebene zu verbinden und einander auf einer tieferen Ebene zu verstehen und zu würdigen.

Diese einfache spirituelle Praxis kann die Schwingung der Liebe und des Mitgefühls in deine Beziehung zu deinem Mann, deiner Frau oder deinen Kindern bringen. Sie kann diese Schwingung an deinen Arbeitsplatz, in deine Nachbarschaft, in Schulen, Krankenhäuser und Gefängnisse tragen. Sie kann Menschen in deiner Stadt, deinem Land und letztendlich in der Welt, in der du lebst, zusammenbringen. Sie kann alles bewirken. Und all das kann geschehen, weil du den Schleier gelüftet hast. Es kann geschehen, weil du bereit warst zu lernen, wie du den Bewusstseinszustand bedingungsloser Liebe und Annahme für dich selbst und andere halten kannst.

Adam und Eva und die Rückkehr ins Paradies

Wenn wir lernen, uns unsere Fehler zu verzeihen, und das, was in unserem Leben geschieht, sanft und mitfühlend zu umarmen, wenn wir lernen, fürsorglich mit anderen umzugehen, ihnen zu vergeben, ihre Unschuld zu sehen und ihr Wohlergehen und Glück genauso wichtig zu nehmen wie unser eigenes, wenn wir uns im Annehmen üben, wenn wir lernen, jedem Menschen zuzuhören, dem wir begegnen, ohne zu urteilen und ohne zu versuchen, ihn zu ändern, dann stehen wir wieder an der Schwelle zum Paradies.

Um diese Schwelle überschreiten zu können, müssen wir unsere Selbstsucht, unsere Gier, unsere Kampfbereitschaft, unsere Opferhaltung, unsere Scham und unseren Neid loslassen. Die Herrschaft von Angst und Wut muss in unserem eigenen Bewusstsein gebrochen werden, denn wir können weder das eine noch das andere in den Garten Eden mitnehmen. Und wir müssen auch unser Wissen dreingeben, das wir uns für einen so hohen Preis erkämpft haben. Um ins Paradies eingehen zu können, brauchen wir eine ganz andere Art von Wissen, ein Wissen, das nichts mit rationalem Denken zu tun hat, aber sehr viel mit Sein und Vertrauen.

Probleme lösen sich auf, wenn wir die Wahrheit mitfühlend sagen und ohne zu urteilen zuhören. Unsere Bedürfnisse werden durch unsere Bereitschaft, flexibel und kooperativ zu sein, erfüllt. Denn im Garten Eden herrscht Fülle, es gibt keinen Grund, um irgend etwas zu kämpfen.

Menschen, die versuchen, in den Garten zu gelangen, bevor sie das entsprechende Bewusstsein haben, können diese Erfahrung nicht aufrechterhalten. Sie finden sich ziemlich schnell vor dem Tor wieder und fragen sich, wie sie für ihren Lebensunterhalt sorgen können. Im Garten Eden sind wir ständig aufgefordert, unser volles Potential zu leben. Das Verdienen des Lebensunterhaltes ist hier kein Thema. Indem wir authentisch leben und unsere Talente voller Freude einbringen, erschaffen wir automatisch alles, was wir brauchen, um unsere Bedürfnisse zu befriedigen. So müssen wir andere weder manipulieren noch um das, was sie haben, beneiden. Wir segnen sie und sind dankbar für den kreativen Beitrag, den sie zum großen Ganzen leisten. Wir freuen uns über ihr Glück und sie freuen sich über unseres.

Im Paradies ist ausschließende oder an Bedingungen geknüpfte Liebe nicht möglich. Da Liebe und Mitgefühl hier die wesentlichen Merkmale der Seinserfahrung sind, kann niemand davon ausgeschlossen werden. Jeder, der hier lebt, respektiert jeden anderen. Jeder will nur das Beste für jeden anderen. Die Bewohner des Paradieses sind darauf bedacht, ihre Liebe mit allen anderen zu teilen, sogar mit jenen, die noch vor den Toren stehen. Sie laden alle ein, hereinzukommen und sich umzuschauen. Aber nur wenige dieser Besucher bleiben. Ein einziger selbstsüchtiger oder selbstkritischer Gedanke genügt, um sie erneut aus dem Paradies zu vertreiben. Im Paradies sind Angst und Sorgen so gut wie unbekannt. Sollte einmal Angst aufsteigen, hält man sie so mitfühlend im Bewusstsein, dass sie sich schnell wieder auflöst. Jeder hält sich ganz selbstverständlich an die Richtlinien, die man allerdings nirgends gedruckt vorfinden würde. Im Paradies gibt es keine Bücher und keine Konzepte, außer denen, die in den Herzen der Menschen geschrieben stehen.

Vor langer Zeit nannten die Menschen das Paradies „Himmel". Und das schien durchaus angemessen, denn die meisten Menschen kamen erst dort an, nachdem sie ihren physischen Körper längst verlassen hatten. Heute ist diese Bezeichnung nicht mehr ganz zutreffend, denn inzwischen kommen auch Menschen ins Paradies, die noch ein irdischen Dasein fristen.

Das Paradies ist einer der Orte, von denen Buber sprach, als er sagte, es gäbe zwei Welten: die Welt des Leidens und die Welt der Gnade. Die Welt des Leidens liegt vor den Toren des Gartens, die Welt der Gnade liegt dahinter. Ob wir diesseits oder jenseits der Tore leben, hängt davon ab, wie wir miteinander in Beziehung stehen. Sind wir Gleiche unter Gleichen oder betrachten wir einander nicht als ebenbürtig? Haben wir die Absicht zu segnen oder zu verdammen? Betrachten wir einander als unschuldig oder als schuldig?

In diesem Sinne bewegen wir uns, abhängig von unseren Bewusstseinsinhalten, ständig zwischen Himmel und Hölle, zwischen der Welt des Leidens und der Welt der Gnade hin und her. Und immer scheint die Welt, in der wir uns gerade befinden, die reale zu sein und die andere nur Illusion.

In Wirklichkeit sind beide Welten real und beide sind in uns. Das Paradies ist kein physischer Ort, sondern ein Raum in unserem Bewusstsein. Es ist ein Bewusstseinszustand.

Wenn wir wissen, dass das ganze Drama sich nur in unserem Geist abspielt, brauchen wir nicht mehr außerhalb von uns nach Antworten zu suchen. Der Friede ist hier, die Unruhe ebenfalls. Aber nicht nur das – im Frieden ist Raum für Unruhe und in der Unruhe ist Raum für Frieden. Die beiden Welten vereinen sich in unserem Bewusstsein. Die Strahlen der Morgendämmerung treffen auf die Strahlen der Abenddämmerung. Wie unsere Erde dreht sich das Bewusstsein und zeigt uns seine verschiedenen Facetten: seine Dramen und seine überwältigende Schönheit. Tag und Nach scheinen uns so verschieden, aber Morgen- und Abenddämmerung sind gleich. Kannst du jetzt, da am Horizont die Farben aufleuchten, sagen, ob sich der Tag der Nacht ergibt oder die Nacht dem Tag?

Wenn das Vertikale zum Horizontalen wird, wird das Göttliche im Menschlichen geboren. Vielleicht wird auch das Menschliche im Göttlichen geboren. Ich frage mich, ob das eine Rolle spielt. Ist Jesus Mensch gewordener Gott oder Gott gewordener Mensch? Vielleicht ist er beides ... wie der trickreiche Gott, der zwischen den beiden Welten lebt.

Ich erfahre ihn als die Verkörperung des Mitgefühls, als den, der mich in liebevoller Umarmung hält, während ich um meine verlorene Liebe weine und über die Fehler, die ich gemacht habe. Aber ich erlebe auch, wie rücksichtslos er alle Anhaftungen und falschen Glaubenssätze zerschlägt. Er ist nicht eindimensional, sondern weich und hart, sanft und feurig, ehrfürchtig und respektlos.

In Wahrheit empfinde ich meinen Lehrer als so paradox wie die Lektionen, die er lehrt. Er ist unberechenbar und lässt sich nicht festlegen. Immer wenn ich glaube, dass ich alles bestens im Griff habe, droht er mir mit der Faust und warnt mich davor, überheblich zu werden. Und wenn ich sicher bin, dass ich völlig versagt habe, legt er den Arm um mich und versichert mir, dass alles gut werden wird.

Wie ich ihn sehe? Nun, jedenfalls ist er nicht der (schein)heilige, selbstgerechte Lehrer, den viele aus ihm gemacht haben. Er ist ein ständiger Unruhestifter, König der Spaßvögel, Poet, Verrückter und Revolutionär. Er entzieht sich jeglicher Logik. Er repräsentiert die ganze Bandbreite des Menschseins in all seiner Eigenartigkeit und seiner Anmut. Er ist authentisch, ehrlich und real. All das habe ich in ihm erkannt und weiß es zu würdigen.

Mögen seine Worte und sein Verständnis dein Herz berühren, wie sie meines berührt haben. Möge seine Liebe und sein Mitgefühl uns helfen, uns von Angesicht zu Angesicht im Garten unserer Unschuld zu begegnen.

Namaste.